PARIS

ET

LES PARISIENS

EN 1835.

IMPRIMERIE DE H. FOURNIER,
RUE DE SEINE, N. 14.

PARIS
ET
LES PARISIENS
EN 1835.

PUBLIÉ PAR MADAME TROLLOPE.

TOME TROISIEME.

PARIS,
LIBRAIRIE DE H. FOURNIER,
RUE DE SEINE, N° 14.

1856.

PRÉFACE [*].

Depuis que l'homme a commencé à écrire et à lire; je dirai plus, depuis qu'il a commencé à parler, la VÉRITÉ, l'immortelle vérité a été l'objet d'un culte ostensible de la part de tous ceux qui ont lu et de tous ceux qui ont écouté; elle est incontestablement révérée avec sincérité par tout le genre humain, et pourtant dans les détails de leur conduite journalière, la majorité des hommes souvent la prennent en haine et supportent la douleur physique, les contrariétés, les chagrins, avec plus de patience

[*] Cette préface doit être placée en tête du premier volume.

que sa respectable voix, du moment où elle ne répond point à leur propre opinion.

Les préventions s'emparent généralement de l'esprit avec plus de force que ne peut en acquérir le raisonnement le plus clair et le plus évident par lequel on cherche à les détruire, et quand il arrive que ces préventions s'unissent à un désir sincère d'avoir raison, on les prend pour des principes, et dans ce cas les tentatives que l'on fait pour les ébranler sont non-seulement regardées comme une folie, mais encore comme un crime.

Fortement convaincue de ce que je viens de dire, il a fallu de ma part un certain courage moral pour publier ces volumes, car ils ne sont conformes à l'opinion de personne, et ce qu'il y a de pis, c'est qu'il s'y trouve bien des choses qui pourront être considérées comme en opposition même avec la mienne. Si avant d'aller à Paris j'avais écrit un livre pour défendre les opinions que j'avais sur l'état de la France, il aurait différé en bien des points de celui que je donne aujourd'hui au public; mais en profitant des dernières occasions que j'ai eues de voir des personnes distinguées de toutes les classes, j'ai appris bien des choses que j'ignorais profondément, comme tant d'autres personnes les ignorent encore. J'ai trouvé le bien où je m'attendais à voir le mal; la force où je croyais rencontrer la faiblesse, et la prévoyante sagesse de prudens législateurs, travaillant à la prospérité de leur pays, au lieu des indigestes théories d'un gouvernement révolutionnaire, ne montrant de l'activité que quand il s'agit de conduire en aveugle la populace trompée qui met en lui sa confiance.

Le résultat en a été chez moi d'abord de l'incertitude, et puis un changement d'opinion, non pas en ce qui concerne les lois immuables qui doivent régler la succession héréditaire ou le regret qu'il ait jamais été jugé nécessaire de violer ces lois; mais sur la manière la plus sage de gouverner la nation française, telle qu'elle est maintenant située, afin de réparer les graves maux qui lui ont été causés par de précédentes convulsions, et empêcher qu'elle ne soit exposée au danger de les voir se renouveler dans l'avenir.

Il est impossible de douter que le gouvernement actuel de la France ne s'occupe avec constance, sagesse et courage, de ces objets; et les personnes qui prennent le plus à cœur la cause sacrée d'une autorité bien réglée, chez toutes les nations de la terre, devraient être les premières à rendre témoignage de cette vérité.

London, décembre 1835.

PARIS

ET

LES PARISIENS EN 1835.

LETTRE LVI.

L'abbé Duguerry. — La Prédication impromptu. — Simplicité du culte à Paris, en comparaison de la Belgique. — Bibliothèque de Sainte-Geneviève. — Les copies d'écriture du grand Dauphin. — La prétendue fille de Marie-Stuart. — Saint-Étienne-du-Mont.

Le plus beau sermon que j'aie entendu depuis que je suis à Paris, et le plus beau peut-être que j'aie jamais entendu prêcher, est celui que l'abbé Duguerry prononça hier à Saint-Roch. Il était fait pour profiter à toutes les ames chrétiennes, de quelque secte ou dénomination que ce puisse être. Il ne s'y trouvait pas la moindre allusion aux doctrines particulières de l'Eglise, et il serait à désirer qu'un soi-disant incrédule pût être forcé d'écouter un pareil sermon pendant que les yeux d'une assemblée chrétienne seraient fixés sur lui. Il serait profitable de voir un tel être se replier et se débattre dans son arrogante impuissance et d'observer comme le mot le plus simple peut l'humilier.

L'abbé Duguerry est un jeune homme qui ne paraît pas avoir trente ans, mais qui a reçu de la nature un talent que de longues années peuvent seules, d'ordinaire, porter à la perfection. Son éloquence est précisément ce qu'elle doit être, car elle a pour but d'être utile à ceux qui l'écoutent, plutôt que d'augmenter la réputation de l'orateur. Quelque nombreuses que fussent ses périodes, j'étais certaine, en l'écoutant, que leur rhythme harmonieux n'était nullement le résultat de l'étude, mais l'effet d'une oreille parfaitement juste et d'une connaissance approfondie que l'orateur déployait même sans s'en douter. Il avait étudié la matière de son discours, il avait étudié et profondément pesé ses argumens; mais quant à son style, c'était un pur don du ciel.

Les prédications impromptu m'ont toujours paru des entreprises terriblement présomptueuses. Toute assemblée de fidèles a le droit d'exiger qu'on lui présente des pensées bien digérées, des expressions choisies avec soin, et des argumens consciencieusement examinés, quand on l'entretient de sujets d'une si haute importance, avec l'autorité d'un ministre de l'église; et il est bien rare que l'on puisse remplir toutes ces conditions sans une étude spéciale. Cependant, en écoutant l'abbé Duguerry, je me suis convaincu que, quand un homme possède un talent vaste et d'une nature toute particulière, et qu'il y joint de bonne heure une pratique constante, il lui devient possible de parler à ses frères sans être coupable de présomption, même quand il n'aurait pas d'avance écrit son sermon; mais peut-être parlerais-je plus correctement si je disais : sans le lire, car il est difficile de croire qu'une si belle composition fût absolument impromptu.

Il ne perdit pas un instant de vue son but, qui était de prouver la faiblesse et l'insuffisance de l'homme, privé de la révélation et de la foi religieuse. Pour le démontrer il n'employa pas de grands mots vides de sens, pas de répétitions, pas de fleurs de rhétorique depuis long-temps usées : sa voix était celle de la vérité, parlant le langage d'éloquence universelle que toutes les nations, toutes les croyances, doivent sentir ; et elle coula avec la même beauté, la même clarté et la même vigueur, depuis le commencement jusqu'à la fin.

Arrivée depuis peu de la Flandre où tout ce qui a rapport au culte catholique présente une noble magnificence dont l'origine est évidemment espagnole, je suis ici dans une surprise perpétuelle à la vue de la simplicité des habits des prêtres et de l'absence de toute ostentation dans les églises de Paris. A la cathédrale de Notre-Dame, rien ne manque, à la vérité, pour mettre dans tout son jour la dignité archiépiscopale; partout ailleurs, il y a beaucoup moins de pompe et d'éclat que je ne croyais en trouver. Mais où le relâchement de la dignité ecclésiastique est le plus remarquable chez le clergé de Paris, c'est dans l'apparence qu'offrent les jeunes prêtres que l'on rencontre parfois dans les rues. Les boucles ondoyantes, le chapeau rond, le pantalon, et quelquefois aussi les bottes, leur ôtent absolument toute ressemblance avec leurs graves prédécesseurs. Cependant ils paraissent tous florissans et contens d'eux-mêmes et du monde qui les entoure. Rien dans leurs traits n'indique l'abstinence ou les mortifications, et si réellement ils jeûnent certains jours de la semaine, ils peuvent bien dire avec le père Philippe que ce qu'ils prennent leur réussit admirablement.

Nous avons fait ce matin une excursion de l'autre côté de la Seine, ce qui me semble toujours être un voyage; et je ne sais pourquoi, car la rivière n'est pas très large et les ponts ne sont pas très longs, ce qui n'empêche pas que si ce n'était pas l'Abbaye-aux-Bois, qui est pour nous comme un aimant, il nous arriverait fort rarement de nous trouver sur la rive gauche de la Seine.

Dans cette occasion nous avions pour but de visiter l'antique et belle bibliothèque de Sainte-Geneviève, d'après l'invitation d'une personne attachée à l'administration de cette bibliothèque. Rien ne pouvait être plus intéressant qu'une expédition de ce genre faite dans la compagnie d'un cicérone obligeant et instruit, qui connaît à fond les objets qu'il vous montre, qui désire vous communiquer de sa science tout ce que le temps peut permettre ou du moins tout ce qu'il peut vous être utile de savoir, pour bien apprécier l'incompréhensible accumulation de trésors qui forment la masse de toutes les bibliothèques et de tous les musées du monde. Ce sont de ces choses que l'étranger le moins curieux est obligé de voir, s'il ne veut s'exposer à son retour à entendre ses amis se récrier : « Quoi !... vous n'avez pas vu cela ?... En ce cas vous n'avez rien vu du tout ! »

C'est là un reproche que je suis décidée à ne jamais encourir, tant que je pourrai me procurer un guide aussi aimable que celui qui m'a engagée à venir au dépôt qui renferme les deux cent mille volumes de la bibliothèque royale de Sainte-Geneviève. Si j'étais un étudiant je murmurerais très fort contre la montée longue et escarpée qui conduit à ce temple de la science; mais une fois que l'on y est parvenu, la tranquillité qui y règne, l'entier éloignement du bruit éternel de la grande ville qui l'entoure, est on ne saurait plus délicieux et devrait, ce me semble, contribuer à calmer l'imagination vagabonde des jeunes gens qui le fréquentent.

J'ai appris à regret que ce toit respectable offre des symptômes de vétusté tels qu'il est à craindre que l'on ne soit bientôt forcé d'abandonner cette vieille salle si belle, et de transporter ailleurs la vaste collection qu'elle renferme. La forme de cette salle est celle d'une croix, avec un dôme, peint par Restaut l'aîné, au point d'intersection. Quoique basse de plafond, et n'occupant en réalité que les greniers de l'ancienne abbaye de Sainte-Geneviève, cette vaste pièce, sa décoration, et la disposition de l'ensemble, ont une grâce qui plaît singulièrement à l'œil; ils ont quelque chose de monastique, sans être tristes, d'aisance scientifique et d'agréable solitude bien faites pour charmer toute personne livrée au travail.

Cette bibliothèque m'a paru parfaitement tenue, et réglée de manière à donner tout l'effet possible à la libéralité avec laquelle les ouvrages qui la composent sont communiqués sans réserve à tout le monde. Le savant voyageur, éloigné de son paisible cabinet, le lecteur oisif qui ne cherche que l'amusement, trouvent ici à satisfaire leur goût avec la même facilité que les étudians des colléges, si nombreux dans ce quartier. Les conservateurs et les sous-bibliothécaires sont toujours prêts à leur remettre tous les ouvrages qu'ils demandent, sous la simple et raisonnable condition d'accompagner la personne chargée de la recherche des volumes demandés, et de les porter eux-mêmes à la place qu'ils se sont choisie pour leur travail.

La longue table qui s'étend depuis le dôme, le long d'une des branches de la croix, était entourée d'une foule de jeunes gens qui paraissaient s'occuper d'une manière parfaitement sérieuse de leurs études; ils tenaient les yeux fixément attachés au volume qu'ils lisaient, et ne se troublèrent pas même quand notre société assez nombreuse passa devant eux pour aller examiner un curieux modèle en relief de la ville de Rome, placée à l'une des extrémités de la croix. Un rigoureux silence est enjoint dans cette partie de la bibliothèque, de sorte que les dames elles-mêmes furent obligées de suspendre leurs questions jusqu'à ce qu'elles en fussent sorties.

Après avoir examiné des éditions de luxe, des exemplaires rares, etc., notre ami nous conduisit dans quelques petites pièces où sont renfermés, sous une clé spéciale, les manuscrits de cette collection. Nous admirâmes le vélin sans tache des uns, et le talent calligraphique déployé dans les autres; puis il nous montra un volume relié en maroquin rouge, qu'à la première vue on aurait pu prendre pour une collection de valses manuscrites appartenant à une jeune personne. C'était le cahier d'écriture du grand dauphin, père de ce duc de Bourgogne objet de tant de regrets, et grand-père de Louis XV.

Les exemples étaient évidemment écrits avec beaucoup de soin. Chaque page contenait une maxime de morale, qui toutes étaient plus ou moins applicables à un élève royal. Dans le nombre, il s'en trouve une qui m'a semblé devoir être singulièrement utile aux souverains du siècle actuel. Elle portait en tête en grandes lettres :

Se moqueur des libelles.

L'*u* superflu était rayé par la plume du maître. Puis venaient les vers suivans, écrits d'une main ferme et nette :

>Si de vos actions la satyre se joue,
>Feignez adroitement de ne le pas ouïr ;
>Qui relève une injure, il semble qu'il l'avoue;
>Qui la sçait mépriser, la fait évanouir.
>
>L   Louis Louis Louis Louis.

Dans une de ces salles on voit le portrait

d'une négresse en habits de religieuse. Ce tableau a tout l'air d'être fort ancien, et notre ami, M. C***, nous dit que, d'après la tradition qui s'y rattachait, c'était le portrait d'une fille de Marie Stuart, née pendant son séjour en France. Il est difficile de concevoir ce qui a pu donner lieu à une pareille calomnie. Mais je puis attester que rien ne me paraît moins fondé que cette supposition, les traits de la noire sœur n'offrant pas la moindre ressemblance avec ceux de cette reine infortunée.

En sortant de la bibliothèque de Sainte-Geneviève, nous allâmes, toujours accompagnés de notre obligeant cicérone, voir la barbare mais gracieuse bizarrerie de Saint-Etienne-du-Mont. Les galeries, suspendues comme par magie entre les piliers du chœur, et le double escalier en spirale qui y conduit, quoique contraires aux règles de l'architecture, n'en sont pas moins des constructions d'une légèreté admirable et qui paraissent élevées de la main des fées. Cette singulière église, d'une architecture si capricieuse tant au dehors que dans l'intérieur, est, dans quelques-unes de ses parties, d'une haute antiquité. Elle servait, dans l'origine, de succursale à Sainte-Geneviève, placée tout à côté, et dont la haute et vieille tour, qui subsiste encore, fait partie aujourd'hui du Collége Henri IV. Comme preuve de l'intime dépendance où cette jolie petite église devait rester du principal édifice, il ne lui était pas permis d'avoir de porte séparée, et la seule entrée devait en être par la grande église. Cette chapelle, élevée maintenant à la dignité d'église paroissiale, fut, à différentes époques, agrandie et embellie, et ne cessa de demander la permission d'avoir une porte à elle. Sa pétition fut constamment repoussée jusqu'au commencement du quinzième siècle, quand elle obtint enfin ce qu'elle sollicitait depuis si long-temps. Le grand Pascal est enterré dans cette église.

Je désirais vivement faire voir à mes enfans l'intérieur de ce beau mais inconstant édifice qui, la première fois que je le vis, portait le nom de Panthéon; la seconde celui de Sainte-Geneviève, et qui aujourd'hui est de nouveau connu du monde entier ou du moins de cette partie du monde qui a eu le bonheur de visiter Paris depuis les immortelles journées, sous le nom de Panthéon.

Nous ne pûmes y entrer; et il est fort possible que, lorsque je me retrouverai pour la quatrième fois devant sa façade simple et sévère, mais gracieuse et élégante, ce monument aura changé de destination, et aura été rendu au culte catholique. *Ainsi soit-il!*

LETTRE LVII.

Les Soupers de Paris. — Les Dîners ne les remplacent pas. — Les Gourmands. — Les grandes réunions.

Combien je regrette les soupers de Paris, et combien peu les somptueux dîners que l'on y donne aujourd'hui dédommagent de leur perte ! Je n'ignore pas qu'il y a une infinité de gens qui, à la lettre, vivent pour manger, et je sais que pour eux le mot de *dîner* est le signal et le symbole de la plus pure et peut-être de la plus grande félicité qu'il y ait sur la terre; pour eux, la vapeur des mets, la longue et fatigante cérémonie d'un dîner à quatre services n'offrent rien que joie et que bonheur. Mais il n'en est pas de même de ceux qui ne mangent que pour vivre.

Je ne connais pas de lieu où il se commette

autant d'injustices et d'actes de tyrannie qu'à table ; sur vingt personnes qui se trouvent à un grand dîner, il y en aura peut-être seize qui donneraient tout au monde pour pouvoir ne manger que tout juste ce qui leur plaît. Mais l'amphytrion sait que, parmi ses convives, il y a quatre personnes lourdes, dont les ames planent sur ses ragoûts, comme les harpies sur le festin de Phrinée, et il ne faut pas les troubler, sans quoi des critiques, en place d'admiration, seront tout le fruit qu'il retirera de la dépense et de l'embarras que lui aura coûté le banquet.

Un drame long et ennuyeux suivi d'un ballet bruyant, assaisonné de tamtams et de coups de fusil, que par égard pour les désirs de la société avec laquelle vous vous trouvez vous êtes obligé de voir jusqu'à la dernière scène ; un lourd sermon que vous ne pouvez quitter au milieu, parce que vous vous trouvez placé précisément en face du prédicateur; une visite du matin d'une dame qui, en arrivant chez vous, envoie sa voiture chercher ses enfans, en pension à Wimbleton, et s'installe sur votre sofa jusqu'à son retour; ce sont là, j'en conviens, des choses difficiles à supporter; mais rien de tout cela ne peut se comparer à un dîner de cérémonie qui dure trois heures, où toute la conversation ne roule que sur les mets et où l'on n'échappe à la conversation qu'en mangeant. Comment vous en aller? Quel moyen imaginer pour vous dispenser d'y assister jusqu'à la fin? Les joues enflammées par la colère et la vapeur des plats, irez-vous prétendre une défaillance subite? Oserez-vous avouer la vérité, et confesser que vous vous mourez de dégoût et d'ennui? La partie est si inégale entre les divers convives réunis à la même table; les victimes sont si complètement privées de tout secours!...et après tout, pourquoi se soumettrait-on à un pareil supplice? Si l'on ne veut que faire un bon dîner, on a à Londres les clubs et l'hôtel Clarendon; à Paris, le café Périgord et Véry, et vingt autres établissemens encore, chacun desquels est en état de fournir un dîner plus parfait qu'on n'en pourrait trouver dans quelque maison particulière que ce soit, où les infortunés petits mangeurs endurent un supplice presque aussi cruel que celui qui est nécessaire à la production des *foies gras*.

Ne croyez pourtant pas que je prétende affecter de l'indifférence à l'aspect d'une table élégante et bien servie; bien au contraire, je suis convaincue que les momens où les mortels se réunissent dans le but de rafraîchir leur esprit et de ranimer leurs forces en faisant circuler tour à tour les mets et les vins les plus agréables à chacun des convives, peuvent, sans aucune humiliation pour l'orgueil de l'homme, compter au nombre des momens les plus heureux de la vie. Mais ceci ne ressemble pas plus à un repas de quatre services, qu'un voyage en quatre volumes sur l'économie politique, ne ressemble à une épigramme en quatre vers contre l'auteur de ce même ouvrage.

Je suis persuadée que quelques-uns des épicuriens les plus distingués du siècle, se sont plongés, à cet égard, eux et leurs disciples, dans la plus déplorable erreur. Ils ont exagéré la chose. Leur but est d'exciter l'appétit autant que possible, afin de le satisfaire le plus largement possible; mais le moyen qu'ils emploient n'est nullement celui qui convient. D'ailleurs je ne m'étendrai pas davantage là-dessus. Ni vous, ni moi, ne nous intéressons très vivement au succès des mangeurs de profession, qu'ils soient Anglais ou Français. Laissons-les donc arranger leurs propres affaires ainsi qu'il leur conviendra le mieux.

J'éprouve bien plus d'intérêt pour les personnes qui jouissent plus philosophiquement des dons que Dieu a faits aux hommes, et en conséquence je déplore sincèrement la faiblesse qu'elles montrent en consentant à suivre une mode si contraire à toutes leurs idées de véritable bonheur. Mais malheureusement il devient de jour en jour plus nécessaire à chacun qui prend place à une table distinguée, de pouvoir parler cuisine comme un chef. Cependant ce n'est pas là la manière la plus sûre de prouver la délicatesse de leur goût.

Neuf fois sur dix la passion désordonnée de la bonne chère n'est que pure affectation; et j'ai lieu de croire qu'il y a bien des gens, surtout parmi les hommes jeunes, tant à Paris qu'à Londres, qui aimeraient bien mieux faire un dîner plus simple et changer d'air ensuite, que de passer plusieurs heures à secouer la tête au point de se donner un torticoli, à force de refuser les innombrables plats qu'on leur présente ; mais ils ne suivent pas en cela leur goût, parce qu'il serait si terriblement *bourgeois* de l'avouer.

Si cependant, d'un autre côté, un de ces acharnés dîneurs en ville, prenait la chose sérieusement, et cherchait à se consoler de la longue séance en mangeant de tout, depuis la soupe, jusqu'au fromage à la glace, combien cet acte de courage lui coûterait cher ! J'ai vécu assez long-temps pour voir plus d'un jeune homme d'une tournure gracieuse et élégante, la gloire des salons, l'honneur des parcs, le héros d'Almacks, devenir d'année en année plus rond et plus rouge ; j'ai vu ses yeux si ouverts et si brillans se ternir et se creuser, ses dents de perles se noircir jusqu'à ce qu'enfin cet être, d'un aspect si noble, si animé, que la moitié du monde était disposée à aimer, et l'autre moitié à envier, se trouvait, à la fleur de son âge, changé en homme lourd, mal fait, et paraissant dix ans plus vieux qu'il n'était ; et cela seulement pour avoir journellement continué à manger pendant quelques heures après qu'il avait cessé d'avoir faim.

C'est réellement dommage que tous ceux qui embrassent cette carrière ne commencent pas par calculer les différentes chances de gain et de perte qu'elle leur présente. S'ils faisaient ainsi, nous aurions beaucoup moins de cuisiniers en théorie et de mangeurs en pratique; mais nous posséderions des convives plus aimables, des convives qui ayant plus d'esprit eux-mêmes ne fourniraient pas autant de matière aux saillies des autres.

La mode qui veut que l'on rassemble de nombreuses réunions, au lieu d'en choisir de petites, fait le plus immense tort aux plaisirs de la société. C'est la vanité qui l'aura d'abord introduite. De belles dames auront désiré faire voir au monde qu'elles avaient cinq cents amis prêts à accourir à leur premier appel. Cependant comme tout le monde trouve cette mode insupportable, depuis Whitechapel jusqu'à Belgrave Square, et depuis le faubourg Saint-Antoine jusqu'au faubourg du Roule, il est probable qu'elle ne tarderait pas à changer, si une économie fort désagréable ne s'y opposait. « Une grande réunion abat, dit-on, tant d'oiseaux d'un seul coup. » J'ai entendu un jour une de mes amies qui demandait à son mari la permission d'inonder d'invités, d'abord sa table et puis son salon, dire qu'il n'y a rien de si coûteux que d'avoir une petite réunion. Or, cette observation est d'autant plus terrible qu'elle est vraie. Mais du moins ceux qui sont assez heureux pour avoir des richesses en partage, pourraient, ce me semble, se donner la satisfaction de ne recevoir autour d'eux que le nombre d'amis qui leur convient; et s'ils avaient l'extrême bonté de donner l'exemple, il est bien certain que la nouvelle mode ne tarderait pas, d'une façon ou d'une autre, à être si généralement adoptée, qu'il finirait par être du plus mauvais ton de rassembler chez soi plus de personnes que l'on n'a de chaises.

Maintenant que les délicieux petits comités dont Molière nous présente le modèle dans sa *Critique de l'École des Femmes*, ne se rassemblent plus à Paris, les réunions du soir les plus agréables sont celles qui ont lieu à la suite de l'annonce faite par madame *une telle*, à un cercle choisi, qu'elle sera chez elle tel jour de la semaine, de la quinzaine ou du mois pendant la durée de la saison des réceptions. Cela suffit, et les jours indiqués des réunions peu nombreuses se forment sans cérémonie et se séparent sans contrainte. Il ne faut pas d'autres préparatifs que quelques bougies de plus, après quoi les albums et les portefeuilles dans un des salons, une harpe et un piano dans un autre, prêtent leur secours s'il est nécessaire, à la conversation qui se poursuit dans tous deux. On présente des glaces, de l'eau sucrée, des sirops, et des *gauffres*; et il est rare que la réunion se prolonge plus tard que minuit.

Ceci est très facile, très agréable, et incontestablement de beaucoup préférable à des assemblées plus nombreuses et plus cérémonieuses.

Malgré cela, je suis si profondément rococo, que je ne puis m'empêcher de regretter sincèrement ces soupers, jadis l'arène où tous les beaux esprits de Paris, hommes et femmes, donnaient l'essor à leurs brillantes saillies.

On m'a dit le printemps dernier à Londres, que dans le moment actuel il n'y avait que les *parvenus* dont la fortune n'avait point souffert des orages politiques; et que par conséquent il était du bon ton de *chanter misère* dans toutes les occasions. Vers la même époque, j'ai entendu un des premiers confiseurs de Londres, recevant les ordres d'une dame pour un souper de bal, déclarer que son commerce allait si mal qu'il venait de contremander un nouveau surtout de table qu'il avait demandé à Paris.

Puisqu'il en est ainsi, l'occasion ne saurait être mieux choisie pour faire quelques changemens dans la manière de recevoir. La misère et les clubs se réunissent pour rendre les beaux dîners à la fois dangereux, difficiles et inutiles. Mais s'ensuit-il que les hommes et les femmes ne doivent plus s'assembler autour d'un banquet? « Parce que nous sommes vertueux, n'y aura-t-il donc plus de gâteaux ni d'aile ? »

J'ai souvent rêvé que si j'étais une grande dame, avec des maisons, et des terres et de l'argent à foison, je voudrais essayer s'il ne me serait pas possible de briser le joug tyrannique de la mode, si insupportable, de leur propre aveu, à ceux qui s'y soumettent. Alors, au lieu de ces dîners sans fin, aussi funestes à l'esprit qu'à la bourse, je m'efforcerais de remettre en vogue la plus charmante de toutes les inventions qui contribuent aux plaisirs de la société, de vrais soupers. Non point ces longues tables où l'on s'asseoit les membres fatigués et les yeux battus, pour recevoir de la main de M. Gunter un festin ruineux pour l'amphytrion et sans agrément pour les convives; mais un de ces repas simples et bien ordonnés, que toute personne comme il faut à Londres peut faire faire chez elle.

Représentez-vous après cela le bonheur de s'asseoir à une table d'où ne s'élève point la fumée des ragoûts, et où la dyspepsie ne se cache pas sous chaque couvert; où la goutte maligne ne vous guette point à la sortie, et où des laquais ne vous entourent point pour épier chacune de vos paroles; où vous pouvez rappeler à votre mémoire les doux sons que vous venez d'entendre à l'Opéra, au lieu d'être sur les épines par la pensée que vous êtes encore au dessert pendant que l'orchestre attaque votre ouverture favorite. Aux soupers que je voudrais donner, tout serait pur, rafraîchissant, parfumé; point de foule, mais de l'aisance, de l'intimité, et tout l'esprit que des Anglais et des Anglaises y pourraient mettre.

Tant que cette expérience tentée de bonne foi, n'aura pas manqué, je n'avouerai jamais que les femmes anglaises soient incapables de soutenir une conversation. L'esprit de Mercure lui-même ne résisterait pas à trois longs et pompeux services; et je suis convaincue que pour soutenir les fatigantes cérémonies d'un grand dîner, il faudrait à une femme une humeur plus gaie et plus légère que celle d'une péri.

A dire vrai, tout cet arrangement me paraît singulièrement fautif et mal imaginé. Quelque résolution qu'une dame anglaise ait prise d'obéir fidèlement à la mode, il est impossible qu'elle attende jusqu'à huit heures du soir sans prendre une nourriture plus substantielle que celle de son premier repas du matin: en conséquence, il est inutile d'en faire un mystère, mais le fait est que toutes dînent de la manière la moins équivoque vers deux ou trois heures:

il y en a même plus d'une qui lorsqu'elle vient rejoindre ses amis affamés a déjà pris son café et son thé. Le dîner n'est-il pas après cela une ennuyeuse et mauvaise plaisanterie?

Prononcez donc quelques mots sacramentels de magie blanche, et changez cet inutile dîner en un de ces soupers tels que madame de Maintenon les donnait jadis. Que votre imagination se figure le contraste; elle aura beau prendre les plus brillantes couleurs, elle ne saurait le rendre assez frappant. Il faut pourtant que vous réunissiez votre courage et que vous renforciez vos nerfs pour ne pas vous effrayer de ce terrible mot de *souper*. L'effroi que j'ai vu se peindre sur les traits de certains hommes à la mode quand on prononce ce mot, m'a paru assez naturel; car celui qui a mangé en dépit de la nature depuis huit heures jusqu'à onze, ne doit rien trouver de fort appétissant dans le mot de souper prononcé à minuit.

Mais si nous pouvions persuader à nos seigneurs et maîtres, au lieu de se ruiner la santé par le long jeûne qui maintenant précède leur dîner, et pendant lequel ils se promènent, causent, montent à cheval, conduisent des voitures, lisent, jouent au billard, bâillent, dorment même pour tuer le temps et pour accumuler un appétit extraordinaire : au lieu de cela, dis-je, s'ils voulaient pendant six mois seulement essayer de dîner à cinq heures, et se donner après cela un peu de peine pour être aimables dans le salon, ils trouveraient que leurs saillies seraient plus pétillantes que le champagne dans leurs verres, et en moins de quinze jours ils recevraient de leurs miroirs les complimens les plus flatteurs.

Mais hélas ! ce ne sont que de vaines spéculations : je ne suis point une grande dame, et je n'ai nul pouvoir pour changer de tristes dîners en de gais soupers, quelque désir que j'en puisse éprouver.

LETTRE LVIII.

L'Hospice des Enfans-Trouvés. — Anecdote à ce sujet.

Résolus de tout voir à Paris, nous avons été visiter l'hospice des Enfans-Trouvés. Quant à moi, j'avais déjà parcouru il y a plusieurs années toutes les parties de cet établissement; mais il était nouveau pour la société avec laquelle je me trouvais, et il faut convenir que le spectacle qu'il présente est assez étrange pour valoir la peine de faire une course à la rue d'Enfer. Notre obligeant ami le docteur Mojon, qui par parenthèse est un des hommes les plus aimables et l'un des meilleurs médecins de Paris, nous y conduisit; et sa liaison avec le médecin de la maison qui nous accompagna dans les salles, nous fournit l'occasion d'obtenir des renseignemens remplis d'intérêt. Mais hélas! on dirait que toute question sur ce sujet doit donner lieu à une réponse pénible. La charité elle-même, dans cette occasion, quelque vaste qu'elle soit, et malgré l'ordre parfait qui règne dans toute l'institution, ne procure, à ce que je crains, qu'un avantage fort équivoque à la société. Si d'un côté elle tend à empêcher le crime affreux de l'infanticide, de l'autre elle excite à un autre crime qui n'est que d'un degré moins atroce dans l'exécution, et peut-être plus cruel encore dans ses résultats, je veux dire celui d'abandonner l'être que la nature nous rend plus cher que notre propre existence. Et ce qu'il y a de plus triste encore, c'est de savoir que sur les innocentes créatures qui sont déposées en ce lieu, au nombre de vingt par jour l'un portant l'autre, il en meurt un quart dans la première année. Mais il n'y a peut-être pas là de quoi se plaindre, car une des sœurs de la charité qui soignent ces enfans, répondit à une question que je lui fis sur l'éducation de ces êtres immortels, quoique abandonnés, que la charité ne s'étendait pas au-delà de la conservation de la vie animale et de la santé, qu'aucune éducation quelconque ne leur était donnée ; et qu'à moins de quelque bonheur imprévu qui vienne changer leur destinée, ils croissent pour l'ordinaire dans le même état que les animaux de la ferme qui les reçoit.

Des paysans arrivent à jour fixe, deux ou trois fois par semaine je crois, pour recevoir les enfans qui paraissent viables, et ils les conduisent à la campagne, quelquefois à une grande distance de Paris, en partie pour une somme d'argent qui leur est accordée, mais surtout pour l'avantage qu'ils retirent de leur travail.

Il est un fait digne de remarque, c'est que pendant les années qui ont suivi immédiatement la révolution, le nombre d'enfans déposés à l'hospice diminua considérablement; tandis que le nombre des morts augmenta dans une proportion effrayante ; ainsi, par exemple, en 1797, sur 3,716 enfans reçus, il en mourut 3,108.

J'ai entendu raconter en dernier lieu une histoire dont un enfant reçu à cet hospice est en quelque façon l'héroïne, et je l'ai trouvée assez intéressante pour lui donner place sur mes tablettes; je puis même tâcher de la transcrire pour votre amusement. Elle est arrivée peu de temps après la première révolution, mais les aventures en sont purement domestiques et n'ont aucune teinte politique.

Le comte de G*** était un seigneur de mœurs tranquilles et retirées, qu'une santé délicate avait engagé à quitter de bonne heure le service, la cour et même le séjour de la ville. Il habitait pendant toute l'année un château en Normandie où ses ancêtres avaient résidé avant lui, et avaient répandu autour d'eux tant de bienfaits sans ostentation, qu'il souffrit peu des effets désastreux de la révolution. Ses voisins au lieu de violer ses propriétés les avaient protégées, et, dans l'année 1799, époque où mon histoire commence, le comte vivait avec sa femme et sa fille unique dans son château paternel, aussi tranquillement que si ce château eût été placé sur le territoire de la Grande-Bretagne.

Dans cette même année la femme d'un paysan de sa terre, qui déjà deux fois avait fait le voyage de Paris, pour chercher un nourrisson aux Enfans-Trouvés, ayant perdu de nouveau l'enfant qui lui avait été confié, résolut de partir pour la troisième fois afin de le remplacer. Je ne sais si cette femme était une mauvaise nourrice, mais il est certain qu'elle en était une malheureuse, car indépendamment de ses deux nourrissons, elle avait précédemment vu mourir ses trois propres enfans.

Cette fois pourtant elle avait le pressentiment d'un plus heureux succès, car la sœur de la charité, en lui remettant l'enfant qu'elle devait nourrir, l'assura qu'elle n'en avait jamais vu de plus aimable ni de plus vivace pendant les dix années qu'elle avait passées dans l'hospice des Enfans-Trouvés. Son espérance ne fut pas déçue. La petite Alexa, c'était le nom écrit sur une étiquette attachée par une épingle à sa robe, était à l'âge de cinq ans si belle, si séduisante, ses grands yeux bleus, ses beaux cheveux châtain-foncé lui donnaient un air si touchant, que dans le rayon d'une lieue autour de Pont-Saint-Jacques il n'était bruit que d'Alexa. M. et madame de C*** ne passaient jamais avec leur fille devant la chaumière qu'elle habitait, sans y entrer pour admirer et caresser la charmante enfant.

Isabeau de G*** avait trois ans de plus que la petite orpheline; mais la liaison la plus intime existait entre elles. La jeune héritière, fière de la supériorité que lui donnait son âge, prenait un plaisir tout particulier à étendre sa protection sur la jolie Alexa, et l'enfant abandonnée lui accordait en retour les *prémices* de son cœur tendre et aimant.

La soirée du dimanche ne se passait jamais, tant que durait l'été, sans que tout le village ne s'assemblât sous un gigantesque tilleul qui croissait sur une espèce de plate-forme en face du vieux château, dont les angles étaient décorés de quatre espèces de poivrières, honorées du nom de tourelles.

Le banc circulaire qui entourait ce grand arbre offrait un lieu de repos aux personnes âgées; les jeunes dansaient pendant ce temps sur la pelouse, et les enfans se roulaient sur l'herbe et tressaient des guirlandes de marguerites et de bleuets. Dans ces occasions, il était d'usage immémorial que M. le comte et madame la comtesse, avec tous leurs enfans, lorsqu'ils en avaient, descendissent à quatre heures précises à pied le sentier caillouté qui conduisait directement du château au tilleul. Ils y restaient tout juste trente minutes, ni plus ni moins, souriaient, faisaient des signes de tête, et s'entretenaient avec tous les pauvres gens qui trouvaient bon de s'approcher d'eux.

Depuis quelques années mademoiselle Isabeau avait établi une coutume qui raccourcissait singulièrement la durée du temps qu'elle passait avec ses parens en présence de ses futurs fermiers : car à peine cinq minutes s'étaient-elles écoulées depuis qu'elle était arrivée à l'arbre, qu'elle trouvait moyen de retirer sa petite main de celle de sa mère et qu'elle courait se placer auprès de la petite Alexa, qui de son côté avait depuis long-temps appris à tenir ses beaux yeux fixés sur le château, dès l'instant de son arrivée sur la pelouse, jusqu'à ce que le visage rayonnant d'Isabeau vînt lui offrir un objet plus attrayant pour s'y attacher. Celle-ci, qui ne laissait pas que d'être un peu gâtée, était à peine parvenue à s'emparer de sa compagne favorite, qu'elle se sauvait avec elle sans demander de permission à personne, et l'emmenait, soit dans sa chambre, soit dans son jardin, pour y jouir à son aise et toute seule de l'amour, de l'admiration et de la docile obéissance de sa petite amie.

Mais si c'était là une fête pour Isabeau, c'était quelque chose de bien plus précieux encore pour Alexa. Pendant ces heures de repos, la pauvre enfant découvrait qu'elle savait beaucoup de merveilles dont le père Gauthier et la mère Françoise n'avaient aucune idée. En apprenant à lire, elle apprenait à parler français aussi purement qu'Isabeau ou sa gouvernante parisienne; elle apprenait à ne rien tant aimer que les livres et le forte-piano, et les tableaux, et les fleurs de ces jolis parterres; malheureusement elle apprenait aussi à se dégoûter de la chaumière enfumée et de la mauvaise humeur du père Gautier, qui, à dire vrai, ne faisait que gronder la pauvre petite pendant tous les repas de la semaine et le dimanche la journée tout entière.

3.

Les choses restèrent en cet état sans le moindre changement, jusqu'à ce qu'Alexa eût atteint sa dixième et Isabeau sa treizième année. Vers cette époque les soirées des dimanches de l'été furent souvent ternies par les pleurs de l'orpheline lorsqu'elle ouvrait son cœur à son amie sur les souffrances qu'elle endurait chez elle. Le père Gautier était de plus mauvaise humeur que jamais, et la mère Françoise exigeait d'elle autant d'ouvrage qu'en aurait pu faire une femme. En un mot, chaque jour qui s'écoulait la rendait plus complètement, plus irrévocablement malheureuse, et elle finissait par jeter ses bras autour du cou d'Isabeau, et d'une voix qu'étouffaient ses sanglots, elle ajoutait :

« Que ne puis-je mourir ! »

Elles étaient assises ensemble sur une causeuse dans la salle de récréation de la jeune héritière, un jour qu'Alexa avait peint son infortune avec des couleurs plus vives qu'à l'ordinaire. La jeune comtesse se dégagea doucement de l'étreinte de la pauvre enfant et demeura pendant quelques momens livrée à une profonde méditation.

« Reste tranquille à cette place, Alexa, jusqu'à ce que je revienne, » dit-elle à la fin. Puis d'un air de gravité qui ne lui était pas ordinaire elle sortit de la salle.

Alexa était si accoutumée à obéir sans réserve à tout ce que son amie lui commandait, qu'elle ne songea pas même à quitter la causeuse, quoique de la fenêtre en face elle vît le soleil descendre derrière la colline, puis ses rayons affaiblis se changer en crépuscule, et puis le crépuscule s'obscurcir encore et faire place à la nuit. Elle se disait, à la vérité, qu'il était fort étrange pour elle de se trouver si tard au château; mais mademoiselle Isabeau lui avait dit de rester là, et mademoiselle Isabeau savait ce qui était bien. Cependant, fatiguée de l'attente, elle commença par pencher sa tête sur le bras de la causeuse, puis elle y étendit ses petites jambes, et finit par s'y endormir profondément. Je ne vous dirai pas combien long-temps elle y resta; mais quand elle se réveilla, ce fut en sursaut, et elle entendit la voix de madame de G***, et la lumière de plusieurs bougies brilla devant ses yeux; l'instant d'après elle chercha un abri contre leur éclat dans le sein de son amie.

Isabeau, le bonheur peint dans ses traits, rougissant et respirant à peine, pressa tendrement son amie contre son cœur et couvrit de baisers les jolies boucles de ses cheveux. Quand elle eut retrouvé la force de parler, elle s'écria:

« Regarde-moi, ma chère Alexa, tu seras désormais et pour toujours ma sœur; papa et maman l'ont dit; le méchant père Gautier a consenti à te donner à nous, et la mère Françoise aura la petite Annette Moreau pour demeurer avec elle. »

Il est inutile de redire comment on s'y était pris pour conclure cet arrangement, quoique, de la manière dont on me l'a raconté, les vives instances de la fille et le généreux consentement des parens formassent une scène des plus intéressantes; mais il ne faut pas que j'allonge par trop mon récit. Aussi, pour éviter cet inconvénient, je sauterai six années et je vous placerai immédiatement à une belle matinée de l'an 1811. Isabeau et Alexa, en revenant d'une promenade qu'elles avaient faite ensemble dans le village, trouvèrent madame de G*** tenant une lettre ouverte à la main et paraissant fort agitée.

« Isabeau, ma chère enfant, dit-elle, le plus ancien ami de ton père, le vicomte de C***, revient d'Espagne avec toute sa famille, et compte passer un mois à V***. Il a écrit pour prier qu'on t'amenât sur-le-champ auprès d'eux, car ils étaient dans la maison quand tu es venue au monde, et ils t'aiment comme si tu étais leur enfant. Ton père va demander des chevaux de poste pour demain. Ma chère Alexa, que feras-tu sans nous...! »

« Alexa ne peut-elle pas nous accompagner, maman ? » demanda Isabeau.

— « Pas cette fois, ma chère ; on dit que le château sera plein de monde. »

— « Oh ! ma chère Isabeau, ne songez pas à moi ; vous savez que je n'aime pas à me trouver avec des étrangers. Permettez que je vous aide dans vos préparatifs. »

Le comte, la comtesse et Isabeau, se miren en route le lendemain matin, et Alexa, pour la première fois qu'elle habitait ce château, fut privée de la présence d'Isabeau, et sans autre société que celle de leur gouvernante à la figure roide et pincée. Mais elle prit courage et attendit le plus philosophiquement possible le retour de son amie.

La quinzaine la plus longue se termine à la fin, et quand elle se fut écoulée, Isabeau revint avec ses parens. La joie des deux amies, en se revoyant, ne saurait se décrire. Le comte et la comtesse avaient l'air *parfaitement contens,* et toutes choses reprirent leur train accoutumé. De grandes résolutions avaient pourtant été prises pendant cette visite. Le vicomte de C**** n'avait qu'un fils, et ce fils étant le héros de mon histoire, je vous prie de vous le figurer comme le plus charmant jeune homme qu'il puisse y avoir, et à vrai dire il l'était. Son mariage avec Isabeau avait été proposé par son père, et cordialement accepté par celui de la jeune personne; mais il fut en même temps décidé de part et d'autre, que les futurs époux feraient plus ample connaissance ensemble avant d'être instruits des projets formés pour eux; car ils sentaient que le caractère de leurs enfans méritait que l'on eût pour leurs inclinations plus d'égards que l'on n'a coutume d'en avoir en pareille circonstance.

La quinzaine s'était écoulée dans des plaisirs de tout genre; la danse et la musique remplissaient les soirées. Isabeau chantait *à ravir;* mais comme il y avait au château trois femmes mariées qui, de leur propre aveu, étaient des valseuses infatigables, Jules, qui était obligé de faire les honneurs de la maison de son père, n'avait pu trouver l'occasion de faire valser Isabeau qu'une seule fois, la dernière soirée de son séjour au château, et certes jamais deux jeunes gens ne valsèrent plus gauchement ensemble.

Madame de G**** se persuada pourtant que Jules avait écouté avec plaisir quand Isabeau chantait, et de plus elle fit observer à son mari qu'il était impossible qu'il ne l'eût pas trouvée belle.

Madame la comtesse avait bien raison, Jules trouvait en effet sa fille charmante; sa voix lui paraissait celle d'une sirène, et il lui semblait qu'en l'écoutant il pouvait oublier tout le reste du monde.

Si j'avais plus d'espace je m'étendrais davantage, mais je suis forcée d'abréger, et de vous dire sans autre préambule qu'Isabeau était à peu près dans la même position que lui. Cependant, comme il ne faut pas que de jeunes personnes donnent leur cœur avant qu'on ne le leur demande, et que les jeunes Françaises surtout ne doivent pas même le donner à leur futur époux, avant qu'en les conduisant de l'autel à leur voiture il ne leur ait poliment exprimé le désir d'être aimé d'elles, Isabeau prit grand soin que personne ne pût deviner l'indiscrétion que son cœur avait commise. Elle avait une ame très forte, beaucoup de confiance en elle-même, et ne manquait pas de fierté, de sorte qu'elle ne douta pas qu'il ne lui fût très facile de cacher et de vaincre une passion que rien ne l'autorisait à ressentir.

Or, il arriva par malheur que Jules de C*** ne ressemblait pas à la généralité de ses compatriotes, c'est-à-dire qu'il était fort romanesque; ce qui s'explique peut-être par un séjour de sept ans en Espagne. D'ailleurs son éducation avait été presque entièrement domestique. Il ne connaissait guère le monde que par les livres, et il avait appris à craindre, comme le plus affreux malheur qui pût lui arriver, d'aimer et d'épouser peut-être une femme qui ne l'aimerait pas.

Quelque temps après le départ d'Isabeau et de ses parens, le vicomte dit à son fils qu'il croyait que la politesse exigeait qu'ils rendissent à la famille de G**** la visite qu'elle lui avait faite; mais comme il était indisposé ainsi que sa femme, il était d'avis que Jules se présentât au château de G****, pour faire agréer leurs excuses, en donnant pour motif cette indisposition réelle ou feinte. Le cœur de Jules bondit à cette proposition, mais le plaisir qu'il éprouva ne fut pas sans mélange. Il avait peur d'Isabeau; il craignait de l'aimer; il se rappelait l'expression de physionomie froide et calme avec laquelle elle avait reçu ses adieux, adieux qu'il avait prononcés en tremblant à la portière de sa voiture. Il accepta pourtant la commission dont il était chargé, et dix jours après le retour de la famille de G****, Jules se présenta à leur château. L'accueil que lui firent le comte et la comtesse fut tel qu'il l'avait prévu, plein de bonté et de cordialité. Celui d'Isabeau fut marqué par de la froideur et de la réserve ; elle pâlit un peu, puis elle rougit, et le timide Jules ne remarqua que sa beauté, qu'augmentait sa rougeur, et la révérence cérémonieuse accompagnée du froid « bonjour, Monsieur. » Pour Alexa, la seule sensation qu'elle éprouva fut celle d'une surprise extrême. Comment était-il possible qu'Isabeau eût passé quinze jours avec un jeune homme si beau, si plein de grâces, d'une tournure si élégante, et n'ait jamais parlé de lui ? Isabeau était donc aveugle, insensible, de ne pas l'apprécier comme il le méritait. Tel fut l'effet que l'apparition de Jules produisit sur l'esprit d'Alexa, de la belle, de l'enthousiaste, de la passionnée Alexa. A compter de ce moment, ce ne fut plus au château de G**** qu'une suite des plus cruels malentendus. Alexa commença par reprocher à Isabeau sa froideur, et finit par avouer qu'elle aurait bien voulu être aussi indifférente qu'elle. Jules ne cessa point d'adorer Isabeau; mais chaque jour le confirmait davantage dans l'idée qu'elle ne pourrait jamais l'aimer; et Isabeau, tout en découvrant perpétuellement de nouvelles qualités dans Jules, ne trouvait dans ces qualités mêmes que des raisons nouvelles pour combattre et étouffer la flamme dont elle était intérieurement consumée.

Il était impossible de voir un contraste plus parfait entre deux jeunes personnes toutes deux bonnes, que celui qui existait entre ces deux amies, tant pour le physique que pour le moral. Isabeau était la plus jolie petite brune de France et c'est beaucoup dire; Alexa était peut-être la blonde la plus charmante qu'il y eût au monde. Isabeau, avec beaucoup de sensibilité, avait sur son cœur un empire qui ne faiblissait jamais. Pour une bonne cause elle serait montée sur le bûcher sans pousser un soupir. Alexa sentait peut-être aussi vivement que son amie, mais il n'était pas en son pouvoir de combattre ses sentimens. Elle pouvait mourir pour prouver son amour, mais non pour le cacher; et si un sort terrible lui avait été réservé, elle n'aurait pas pu vivre pour le braver. Tels étant le caractère et la position des divers personnages, le résultat est facile à prévoir. Jules ne tarda pas à s'apercevoir de la passion qu'il avait inspirée à la jeune et belle Alexa, et son cœur, blessé par la réserve d'Isabeau, qui ne se démentait pas, ressentit pour l'orpheline une si vive et si tendre reconnaissance que, bien qu'elle ne fût pas de l'amour, elle pouvait facilement le paraître aux yeux des deux innocentes rivales. Le pauvre Jules reconnut leur erreur et crut son honneur engagé à ratifier des espérances qu'il n'avait jamais eu l'intention de faire naître. Plusieurs fois il prit la résolution de quitter le château, et de ne plus revoir ni l'une ni l'autre de ses belles habitantes; mais dès qu'il laissait échapper un mot de départ, M. et Mme de G**** s'y opposaient si vivement, qu'il lui devenait impossible d'y persévérer; car il faut savoir que les parens d'Isabeau étaient parfaitement contens de la tournure que, selon eux, prenaient les affaires. Leur fille était peut-être un peu plus pâle qu'à l'ordinaire, mais certainement plus belle que jamais; et les yeux de Jules s'attachaient si souvent sur elle, que l'on ne pouvait douter de ses sentimens. Ils avaient bien raison ; mais, hélas! ils avaient tort ici. Du reste, la position d'Alexa ne permettant pas de songer à son mariage avec un gentilhomme d'une haute naissance, ils ne s'aperçurent pas seulement qu'elle aussi était constamment auprès de Jules.

Trois semaines s'étaient passées ainsi, quand Isabeau, qui voyait clairement des traces de souffrance sur les beaux traits du pauvre Jules, et qui les attribuait aux obstacles qu'il s'attendait à rencontrer à son mariage avec une orpheline, résolut de ne rien négliger pour venir à son secours.

Alexa avait sur la poitrine une marque évidemment faite avec de la poudre à canon. Sa nourrice et toutes les personnes qui l'avaient vue, déclaraient qu'elle n'offrait aucune forme distincte, ce qui provenait apparemment de la maladresse de la personne qui avait voulu y tracer l'empreinte d'un chiffre: mais Isabeau, qui l'avait aussi cent fois examinée, soutenait que cette marque était une couronne. Jusqu'à ce moment, cette idée n'avait fait que leur prêter à rire à toutes deux; mais alors elle devint pour Isabeau le sujet de profondes et continuelles méditations. Elle se rappela d'avoir entendu dire que quand un enfant était déposé à l'hospice des Enfans-Trouvés de Paris, ses vêtemens et tous les autres objets laissés avec lui étaient soigneusement conservés et enregistrés avec son nom et la date de la réception, afin que si l'enfant était réclamé avant l'expiration d'un certain temps, son identité pût être facilement reconnue, Isabeau ignorait quel était le terme fixé, mais elle pensait que ce ne pouvait être moins de vingt ans, et dans cette persuasion, elle résolut de commencer des recherches dont le premier but devait être de s'assurer si des objets quelconques avaient été remis ou non avec Alexa.

L'esprit agité par une espèce de délire fiévreux, Isabeau se leva un matin avant le jour, et sortant, sans avoir été aperçue de personne, par une croisée du salon qui donnait sur la terrasse, elle se hâta de courir à la demeure de la mère Françoise. Elle eut quelque peine à faire comprendre à la vieille femme ce qu'elle lui voulait; mais quand celle-ci eut enfin pénétré de quoi il s'agissait, elle déclara qu'elle était prête à faire tout ce que mademoiselle désirait pour sa chère enfant, nom qu'elle donnait toujours à la grande, la gracieuse, la belle Alexa.

Il est inutile que je m'étende sur les détails de la conversation d'Isabeau avec la mère Françoise, qui deviendrait un peu ennuyeuse par la compréhension assez obtuse de cette vieille paysanne; il suffira de remarquer qu'après de nombreuses répétitions et grâce à une bourse très bien garnie, elle consentit à partir pour Paris le lendemain matin, sans dire à personne le motif de son voyage. Ce fut là une condition de rigueur et à laquelle la mère Françoise consentit d'autant plus volontiers, que le père Gauthier et sa mauvaise humeur étaient déjà depuis quelques années ensevelies dans la tombe.

En arrivant à l'hospice, Françoise demanda,

de la part d'une grande dame, tous les objets qui pourraient avoir été déposés avec un enfant remis le, etc., etc. La première réponse qu'elle reçut fut que le terme fixé pour des réclamations de ce genre était expiré depuis long-temps; et elle avait déjà quitté le bureau, abandonnant tout espoir de réussir, quand une vieille sœur, qui s'y trouvait par hasard, chargée d'une commission de la supérieure, et qui avait écouté ses questions, l'arrêta en disant qu'il était fort étrange que deux grandes dames eussent envoyé à l'hospice pour demander des renseignemens au sujet du même enfant.

« Mais, ajouta-t-elle, il doit leur importer fort peu maintenant, car l'enfant est morte avant d'avoir atteint l'âge d'un an. »

« Morte! s'écria Françoise, mais il n'y a que quatre jours que je l'ai vue, et le soleil n'éclaira jamais plus belle créature. »

Une explication suivit : elle ne fut pas également claire dans toutes ses parties, car il y avait eu évidemment une erreur de commise; mais ce qui parut d'une manière certaine, c'est qu'un an environ après que l'enfant eut été mis en nourrice, des informations avaient été prises à l'hospice au sujet d'une petite fille portant le singulier nom d'Alexa, avec laquelle, disait-on, plusieurs objets avaient été mis dans l'intention expresse de rendre sa reconnaissance plus facile. L'adresse d'une paysanne à la campagne avait été donnée aux personnes qui avaient demandé ces renseignemens; et la réponse de cette femme avait été que la petite fille en question était morte trois mois après être arrivée chez elle. Quant au nom qu'elle portait, elle ne s'en souvenait plus; mais elle lui avait donné celui de Marie, d'après sa propre enfant qu'elle avait perdue. Il était clair, d'après cela, qu'une erreur avait été commise entre les deux femmes qui, le même jour, avaient chacune emporté à la campagne un enfant du sexe féminin.

En attendant, il était plus facile de reconnaître l'erreur que de la corriger. On s'adressa sur-le-champ à l'un des chefs de l'établissement qui, ayant mis tout en œuvre pour découvrir quelque trace des personnes qui précédemment avaient pris des informations au sujet de la petite Alexa, apprit enfin d'un vieux commissaire de l'hospice qu'il se rappelait d'avoir, vers l'époque en question, porté plusieurs fois des lettres à un bel hôtel situé dans le faubourg Saint-Honoré.

Cet homme ayant été immédiatement chargé d'accompagner un des directeurs de l'hospice dans le faubourg, il n'eut pas de peine à reconnaître l'hôtel dont il parlait, et qui était alors occupé par un gentilhomme anglais, père de douze enfans; celui-ci déclara, non-seulement qu'il n'avait jamais envoyé aucun des siens aux Enfans-Trouvés, mais encore qu'il ne pouvait indiquer aucun de ses prédécesseurs dans la maison qu'il habitait qui l'eût fait plus que lui. Découragé, à la vérité, mais ne désespérant pas encore de réussir dans sa mission, le directeur se transporta chez le propriétaire de l'hôtel, de qui il reçut pour toute réponse qu'il l'avait depuis peu acheté; de là il se rendit chez la personne qui la lui avait vendue: il n'était que l'homme d'affaires du précédent propriétaire. A la fin pourtant, après d'infatigables recherches, qui durèrent huit jours entiers, le directeur de l'hospice découvrit que la personne qui habitait l'hôtel à l'époque où le commissionnaire disait y avoir été plusieurs fois envoyé, était un seigneur russe qui, depuis, était retourné à Saint-Pétersbourg. Un écrit contenant son nom, ses titres et les détails de tout ce qui se rapportait à cette affaire, fut remis à la mère Françoise qui, sans savoir si elle avait réussi ou non dans sa mission, revint auprès de mademoiselle de G***, dix jours après l'avoir quittée.

Quoique le cœur généreux d'Isabeau éprouvât une sincère joie en recevant les nouvelles favorables que lui donna la mère Françoise, elle ne put s'empêcher de ressentir un mouvement d'effroi en songeant au résultat définitif qu'amènerait le succès de ses recherches. Mais elle réprima ce mouvement, et avec toute l'énergie naturelle à son caractère, elle se mit sur-le-champ à l'ouvrage pour mener à fin son entreprise. Ce fut un soulagement pour elle quand Jules, après avoir passé un mois des plus cruelles souffrances dans la société de la femme qu'il adorait, prit enfin congé de M. de C*** pour retourner chez son père. Les parens d'Isabeau étaient toujours contens. Ce n'était pas, disaient-ils, au jeune homme à faire auprès d'eux les premières démarches, et ils ne doutaient pas qu'au bout de quelques jours ils ne reçussent du vicomte de C*** la demande formelle qu'ils attendaient.

Alexa vit à regret partir Jules; mais elle se consola par la pensée qu'il ne retournait chez lui que pour demander le consentement de son père à leur union. Isabeau nourrissait ses espérances; car elle aussi croyait que le jeune homme était amoureux d'Alexa. Cependant Isabeau cachait à tout le monde l'espoir qu'elle avait conçu de découvrir les parens de son amie.

Les jours, les semaines s'écoulèrent sans apporter de nouvelles de Jules. L'espérance d'Alexa se dissipait en songeant à ce cruel silence. La honteuse obscurité de sa naissance, à laquelle elle était plus sensible encore que son amie se l'était imaginé, se présenta à elle sous un aspect plus horrible que jamais; le péché, l'ignominie et la misère, lui semblèrent la seule dot qu'elle eût à apporter en mariage à son époux, et son esprit se nourrit de cette terrible idée, jusqu'à ce qu'elle absorbât toutes les autres; son amour même y céda; et après avoir passé sans fermer l'œil la nuit la plus cruelle, elle prit la résolution de ne jamais faire rougir un mari, c'est-à-dire de ne jamais se marier.

Pendant qu'elle épanchait son cœur à Isabeau sur ce pénible sujet, et qu'elle répétait de la manière la plus solennelle la résolution qu'elle avait prise, un courrier tout couvert de poussière s'arrêta à la porte du château. Isabeau soupçonna sur-le-champ quelle pouvait être la nouvelle qu'il apportait; mais elle n'eut que la force de dire en baisant le beau front de l'orpheline :

« Prends courage, chère Alexa !... Toi, du moins, tu seras heureuse! »

Avant qu'Alexa pût recevoir ou demander même l'explication de ces paroles, une magnifique voiture de poste s'arrêta devant la porte, et, selon l'usage indispensable en pareil cas, il en descendit une fort belle femme, conduite par un homme tout chamarré de décorations.

En un mot, car il me serait impossible de vous répéter les circonstances romanesques qui avaient donné lieu à l'envoi d'Alexa à l'hospice des Enfans-Trouvés, il fut démontré, d'une manière incontestable, que cette Alexa était la fille unique et l'héritière légitime de ces deux illustres personnages. Je vous laisse à penser l'étonnement et la joie qui suivirent cette découverte ; mais la pauvre Isabeau n'avait qu'un regret, c'était que ce bonheur ne leur fût pas arrivé avant qu'elle eût vu Jules de C***.

Le lendemain matin, pendant qu'Alexa, assise entre son père et sa mère, leur racontait tout ce qu'elle devait à Isabeau, la porte de l'appartement s'ouvrit et le jeune Jules entra. Ce fut alors que l'heureuse Alexa sentit réellement tout le prix du rang auquel elle était montée. Sa cruelle humiliation était changée en triomphe; mais Jules ne s'en aperçut pas ; il n'entendit pas les titres pompeux que l'on donnait au père d'Alexa, et d'une voix qu'étouffait son émotion, il balbutia:

« *Où donc est Isabeau ?* »

Alexa était trop heureuse et trop fière de son

bonheur pour remarquer ce défaut de politesse. Elle s'écria gaiement :

« *Pardon, maman!* » et sortit du salon pour chercher son amie.

La visite de Jules avait un motif important. Son père, après avoir attendu en vain qu'il lui parlât de ses sentimens pour la charmante épouse qu'il lui destinait, lui apprit enfin l'engagement qu'il avait pris, dans l'espoir de découvrir par là s'il était réellement de glace ou non. Il ne tarda pas à avoir l'esprit en repos sous ce rapport; car la nouvelle que son père lui annonça enleva à cet amant timide tout empire sur lui-même, et le vicomte eut la satisfaction de découvrir que son fils était aussi éperduement amoureux qu'il pouvait le désirer. Quant à ses doutes et à ses craintes, le vicomte ne fit qu'en rire.

« Qu'elle te voie seulement, mon fils, tel que je te vois en ce moment, et je te réponds qu'elle ne désobéira pas à ses parens. Va la trouver et tranquillise ton cœur. »

Avec le courage du désespoir, semblable à celui d'un homme qui marche à l'échafaud,

Jules résolut de suivre ce conseil, et il arriva au château de G*** sans avoir, pendant toute la route, accordé une seule pensée à la pauvre Alexa; et même, quand il la vit, la seule sensation qu'il éprouva fut celle de l'impatience de ce que le moment qui devait décider de sa destinée fût encore retardé.

Comme Alexa ouvrait la porte pour chercher son amie, celle-ci arriva, et elles entrèrent au salon ensemble. En apercevant Jules qu'elle ne s'attendait pas à trouver là, Isabeau perdit sa présence d'esprit, et tomba presque évanouie sur un fauteuil. L'instant d'après, Jules fut à ses pieds.

« Isabeau! s'écria-t-il d'une voix solennelle à la fois et pleine de passion; Isabeau, je vous adore; qu'un mot de vous décide de mon sort. Isabeau, pouvez-vous m'aimer? »

Les nobles étrangers avaient déjà quitté le salon; ils avaient deviné qu'une explication délicate allait avoir lieu, et que leur présence ne pourrait que la gêner. Ils auraient voulu emmener leur fille avec eux; mais elle leur dit:

« Un moment... et je vous suivrai. »

Puis s'adressant à son amie, plus morte que vive, elle s'écria:

« Vous l'aimez, Isabeau!... Et c'est moi qui aurais séparés...»

Elle prit leurs mains, les joignit, baissa la tête sur eux, les baisa tous deux, et dit:

« Que Dieu vous bénisse à jamais, parfaite amie!... Je suis encore trop heureuse! Oh! trop heureuse! »

Ses bras, qu'elle avait passés autour de leurs tailles, retombèrent comme elle achevait ces mots, et elle glissa par terre.

Alexa ne parla plus. Elle respira faiblement pendant quelques heures encore, et puis elle expira, victime d'une sensibilité trop long-temps et trop cruellement éprouvée.

Cette histoire m'a été racontée presque dans les mêmes termes que je viens d'employer, par une dame qui m'a assuré que tous les principaux faits étaient exactement conformes à la vérité, ajoutant seulement qu'elle pouvait s'être trompée sur quelques détails dont le souvenir s'était effacé. Si la catastrophe est vraie, il me paraît incontestable que la pauvre Alexa est morte de douleur ou de joie.

LETTRE LIX.

Encore le Procès-Monstre. — La Société des Droits de l'Homme. — Vigueur déployée par le gouvernement.— Cette vigueur ne peut être imitée pour les gouvernemens légitimes.

———

Depuis long-temps je me suis permis de ne vous rien dire au sujet du grand procès; mais ne vous imaginez pas pour cela que l'on s'en occupe moins à Paris.

Il me paraît réellement, après tout, que ce procès-monstre n'est monstrueux que parce que les accusés n'aiment pas qu'on les juge. Je ne dis pas qu'il n'y ait eu peut-être quelques incongruités légales dans la procédure, provenant principalement de la difficulté qu'il y a de savoir précisément ce que dit la loi dans un pays qui a subi tant de révolutions. J'avoue que je ne suis pas moi-même bien satisfaite, sur le point de savoir si ces messieurs ont été dès l'origine accusés de haute trahison, ou bien si toute la procédure ne repose pas sur ce que nous appelons en Angleterre une atteinte à la paix publique (*Breach of the peace*). Il est pourtant assez clair, Dieu sait, tant par les dépositions que par les aveux des accusés eux-mêmes, que s'ils n'ont pas été accusés de haute trahison, ils en étaient bien certainement coupables; et attendu qu'ils ont répété à plusieurs reprises qu'ils voulaient être tous acquittés ou condamnés ensemble, je ne vois pas le grand mal qu'il peut y avoir à les traiter tous comme des traîtres.

Ce n'est que depuis vingt-quatre heures que j'ai appris quel était le véritable but de leurs soulèvemens simultanés du mois d'avril 1834. La pièce que l'on vient de me montrer a paru, je crois, dans tous les journaux, où sans doute je l'ai vue dans le temps, mais mon œil aura glissé sur elle, comme il arrive si souvent, sans que la vue ait communiqué aucune idée distincte à mon esprit. Il est probable que vous avez été moins inattentive que moi, et en conséquence je ne répéterai pas ici tous les argumens que cette pièce emploie pour démontrer que la Société des Droits de l'Homme a été le grand ressort qui a fait agir toute l'entreprise ; mais dans le cas où les noms expressifs, donnés par le comité central de cette association à ses diverses sections, vous auraient échappé, je vais les transcrire ici, ou plutôt une partie d'entre eux, car ils sont assez nombreux pour lasser votre patience et la mienne, si je vous les citais tous. Or, voici ceux qui m'ont frappée, comme indiquant plus spécialement la tendance et les goûts des différentes bandes d'employés de cette société : *section Marat, section Robespierre, section Quatre-vingt-treize, section des Jacobins, sections de Guerre aux Châteaux, d'Abolition de la propriété, de Mort aux tyrans, des Piques, du Canon d'alarme, du Tocsin, de la Barricade Saint-Méri,* et celui-ci qui, quand il fut donné, n'était que prophétique, *section de l'Insurrection de Lyon.* Voilà, je pense, une indication assez claire de l'espèce de *réforme* que ces hommes préparaient à la France, et il n'est guère possible de considérer comme un acte de tyrannie, ou de monstruosité, de faire le procès aux membres d'une pareille société pris les armes à la main, et en état de rébellion ouverte contre le gouvernement existant.

La partie la plus monstrueuse de l'affaire, est l'idée que la plupart d'entre les accusés se sont faite que s'ils refusaient de se défendre, ou, comme ils s'expriment, *de prendre* aucune part aux procédures, ce devait être une raison suffisante pour faire suspendre immédiatement ces mêmes procédures. Remarquez que ces hommes ont été pris les armes à la main, en flagrant délit d'excitation de leurs concitoyens à la révolte, et parce qu'il ne leur plaît pas de répondre quand on les interroge, la cour chargée de leur faire le procès est stigmatisée par eux, comme composée de monstres et d'assassins pour ne pas les avoir renvoyés chez eux.

Si une pareille prétention pouvait réussir, nous verrions adopter partout, avec plus de promptitude que le plus joli chapeau de Leroy, la mode pour les assassins de refuser de se défendre, comme un moyen à la fois sûr et facile de conserver l'impunité.

Le tour est bien imaginé, et la gravité avec laquelle, dans le public du moins, on discute son plus ou moins d'utilité, fournit un excellent échantillon de la confusion des idées, suite naturelle de la confusion des lois, au sein d'une population livrée à l'étude de la politique.

Jamais il n'y eut plus belle occasion que la présente pour que la révolution et l'anarchie prissent une leçon. Je ne crois pas qu'il soit possible qu'un spectateur impartial, qui ne se laisse entraîner ni par l'esprit de parti, ni par des sentimens personnels d'aucun genre, nie que le gouvernement de Louis-Philippe agisse dans cette conjoncture difficile avec un courage, une sagesse et une justice consommés; mais il est en même temps impossible de ne pas s'apercevoir de ce que la révolution et la révolte ont fait pour changer le pouvoir légitime en tyrannie. C'est là une chose qui est, qui sera toujours inévitable, toutes les fois que l'on pourra espérer que le gouvernement qui suivra la convulsion sera permanent.

De nouvelles convulsions peuvent avoir lieu; le tumulte, la destruction des propriétés, le risque de la vie peuvent en être la suite; mais il faudra qu'à la fin une main forte s'empare du gouvernail, et maintienne le vaisseau à flot sans s'inquiéter si la manœuvre qu'elle emploie est conforme ou non aux règles de la science.

Il se passe à peine un jour sans que j'entende parler de quelque nouvelle preuve de vigueur de la part du gouvernement de la France, et quoique je sois loin d'approuver la manière dont la dynastie actuelle a obtenu le pouvoir, je ne puis m'empêcher d'admirer la force et le talent avec lesquels elle l'exerce.

En attendant, il ne faut pas croire que cet exemple puisse profiter aux monarques légitimes, qui occupent les trônes que leurs ancêtres ont occupés avant eux. Un souverain légitime qui ne possède d'autre pouvoir que celui que les lois depuis long-temps établies et les antécédens lui accordent, ne peut déployer une égale hardiesse. Un roi choisi au sein de la révolte est seul capable de gouverner des révoltés, et il est heureux pour les *jeunes gens* à tête chaude de la France, qu'ils soient tombés sous un prince qui n'est ni un parvenu ni un simple soldat. Le premier n'aurait point été sensible aux souvenirs de l'ancienne gloire du pays, et l'autre, au lieu de faire juger les accusés par la cour des pairs, les aurait envoyés par cinquante à la fois devant un conseil de guerre, qui aurait probablement fait choix des plus bruyans d'entre eux pour servir de but aux balles des meilleurs tireurs de l'armée, et d'utile exemple de la promptitude et de la fermeté des jugemens militaires.

A dire vrai, le gouvernement a bien des choses en sa faveur. D'un côté l'absence de tout ce qui ressemble à de la faiblesse ou de la pusillanimité dans les conseillers de la couronne, et de l'autre la conduite absurde et provoquante de ses ennemis.

Il est aisé de reconnaître dans les journaux et dans toutes les publications périodiques, que l'on a jusqu'ici regardés comme appartenant à l'opposition, des concessions graduelles à la force toute puissante de l'utilité. Des paroles de conciliation arrivent à l'inébranlable centre, et du côté droit et du côté gauche, et plus les factieux mugissent avec force autour d'elle, plus se resserre la phalange dans laquelle réside toute la véritable puissance du pays.

Le peuple de France est bien convaincu de la vérité du sentiment qui dictait à Sheridan ces paroles vigoureuses : « L'autel de la liberté a été souillé à la fois de sang et de boue. » Aussi ce peuple est-il tout disposé à se tourner vers d'autres autels pour y chercher une autre protection.

Tout le monde est dégoûté de politique en Angleterre, tout le monde est dégoûté de politique en France. Il en est de même en Espagne, de même en Italie, de même en Allemagne, de même en Russie. Les personnes tranquilles et pacifiques sont ennuyées, tourmentées, harassées, étourdies, du bruit perpétuel produit par la confusion dans laquelle des méchans ont trouvé moyen de jeter tous les élémens de la vie sociale. Ce chaos semble être un vrai chaos moral, bien pis pour le pauvre animal qu'on appelle homme, que celui dans lequel la queue d'une comète pourrait précipiter le monde. Je puis vous assurer que j'éprouve bien souvent le désir le plus ardent de ne plus rien voir ni rien entendre de tous les objets qui nous forcent de mêler des questions de gouvernement à nos méditations féminines sur des choses d'une bien moindre importance; mais la nécessité de *parler politique* semble être un malin esprit qui vous suit partout où vous allez.

Il m'arrive souvent de penser que de toutes les révolutions et rumeurs de révolutions qui ont troublé la terre, il n'y en a point d'aussi remarquable que celle qui a eu lieu dans la conversation depuis trente ans. Je ne parle pas seulement de la conversation des femmes aimables et spirituelles, mais de tout ce qui se dit dans le monde entier depuis le grenier jusqu'à la cave. Partout où vous allez, c'est la même chose; chaque être vivant, homme ou femme, s'imagine qu'il est spécialement chargé d'arranger la situation politique de l'Europe.

Une de mes amies étant entrée il y a quelque temps dans la chambre de ses enfans, aperçut parmi les couches un numéro du *Westminster Quarterly Review.*

« Qu'est-ce ci, Betty ? » dit-elle.

« Ce n'est rien, madame, ce n'est qu'un livre que John m'a prêté, » répondit la bonne d'enfans.

« Sur ma parole, Betty, reprit sa maîtresse, je crois que vous feriez mieux d'employer votre temps à soigner l'enfant, qu'à lire des livres que vous ne pouvez comprendre. »

« Cela ne m'empêche pas du tout de soigner l'enfant, dit la jeune fille éclairée ; car je lisais avec le petit sur mes genoux, et quant à comprendre le livre, cela ne m'inquiète nullement, car John m'a dit qu'il ne contenait rien que ce qu'il est du devoir de tout le monde de comprendre. »

Nous sommes donc livrées à la politique, et il faut que nous le soyons, car John l'a dit.

A cette occasion je vais vous raconter une petite anecdote au sujet du procès-monstre. Un Anglais de nos amis assistait l'autre jour à la séance de la cour des pairs, quand l'accusé Lagrange devint si bruyant et si importun que l'on fut dans la nécessité absolue de l'éloigner. Il avait commencé à prononcer d'une voix éclatante, évidemment dans le but d'interrompre les travaux de la cour, une harangue emportée et inflammatoire qu'il accompagna de gestes très véhémens. Ses co-accusés l'écoutaient et le contemplaient avec les marques les moins équivoques d'étonnement et d'admiration, pendant que la cour s'efforçait en vain de rétablir l'ordre et le silence.

« Eloignez l'accusé Lagrange, » dit à la fin le président, et les gardes s'apprêtèrent à obéir. Cependant l'orateur se débattait avec violence et continuait toujours sa rapsodie.

« Oui, s'écriait-il, oui, concitoyens! nous sommes ici en sacrifice... Voici nos poitrines, tyrans!... plongez dans notre cœur ces poignards assassins! nous sommes vos victimes... condamnez-nous tous à la mort, nous sommes prêts ; cinq cents poitrines françaises sont prêtes à... »

En ce moment il s'arrêta tout à coup, et en même temps il cessa de lutter contre les gendarmes, et pourquoi?... parce qu'il avait laissé tomber sa casquette, cette casquette qui non-seulement défendait sa patriotique tête, mais au fond de laquelle était encore cachée la copie manuscrite de son éloquence improvisée. Ce fut en vain qu'il chercha sa casquette sous les pieds de ses gardes. La foule l'avait déjà envoyée bien loin, et l'orateur, réduit au silence, se laissa emmener avec la douceur d'un agneau.

La personne de qui je tiens ces détails ajouta qu'elle en avait cherché le lendemain le récit dans plusieurs journaux, et que, ne l'ayant pas trouvé, elle avait exprimé à un de ses amis, témoin comme elle de cette aventure, son étonnement de ce qu'aucune feuille publique n'en avait parlé.

« Il n'y a rien de surprenant, je vous assure, répondit son ami qui était Français et parfaitement au fait de la politique de la libre presse ; il n'y a pas un seul de nos journaux qui osât plaisanter sur *les prévenus d'avril.* »

Avant de prendre congé de ces prévenus, il faut que je transcrive, pour votre édification, un passage d'un volume curieux qui m'a été prêté par mon obligeant ami M. J***. C'est une table des lois insérées dans le Bulletin des lois de la République. J'y ai trouvé des ordonnances plus tyranniques qu'aucun despote n'en a jamais rendues pour priver ses sujets de leurs droits civils. Celle que je vais vous citer est particulièrement applicable à la question que l'on agite en ce moment avec une ardeur excessive, savoir s'il faut accorder à des accusés des défenseurs qui n'appartiennent pas au barreau.

« Loi concernant le tribunal révolutionnaire, du 22 prairial, l'an deuxième de la République française, une et indivisible.

« *La loi* donne pour défenseurs aux patriotes calomniés » (le mot *accusés* paraissait trop doux à prononcer quand il s'agissait de ces patriotes altérés de sang); « la loi donne pour défenseurs aux patriotes calomniés des jurés patriotes, elle n'en accorde point aux conspirateurs. »

Qu'auraient dit les *libéraux* d'Europe, si le roi Louis-Philippe avait agi d'après ce principe républicain? S'il l'avait fait, il aurait pu, je pense, dira avec assez de justice :

« César n'agit jamais mal que quand il en a une juste cause. »

LETTRE LX.

Les Mémoires de M. de Châteaubriand.

———

Dans plusieurs visites que nous avons faites depuis quelque temps à la délicieuse Abbaye-aux-Bois, la question a été soulevée s'il ne serait pas possible qu'il nous fût permis d'y assister aux lectures des Mémoires de M. de Châteaubriand.

L'appartement de mon aimable amie et compatriote, miss Clarke, qui se trouve aussi dans cette charmante abbaye, a été la scène d'une de ces graves consultations. Ce qui s'opposait principalement à mes désirs, car je n'étais pas assez présomptueuse pour avoir des espérances, c'était en premier lieu que ces lectures si secrètes et qui pourtant faisaient tant de bruit dans le public, étaient pour le moment passées, et ensuite que la personne qui s'était chargée de lire était absente de Paris. Mais que ne peut effectuer le zèle de l'obligeance? Madame Récamier prit sur elle de plaider ma cause et..., en un mot, un jour fut fixé où mes filles et moi devions jouir de ce bonheur si désiré.

Avant de vous décrire le résultat de cette matinée, je dois entrer dans quelques détails sur ces Mémoires, non pas par rapport à moi-même et à la manière flatteuse dont j'ai pu en prendre connaissance, mais comme une nouvelle littéraire de Paris plus intéressante qu'aucune autre dont je pourrais vous entretenir.

L'existence de ces Mémoires est, comme de raison, connue en Angleterre, mais la circonstance de leur lecture *chez madame Récamier*, en présence d'un nombre très restreint des amis du noble auteur, ne l'est peut-être pas, ou du moins pas aussi généralement, et une chose dont je suis sûre que vous ne pouvez avoir aucune idée, c'est la sensation extraordinaire que ces lectures ont produite dans la sphère littéraire de Paris. Cette circonstance est d'autant plus remarquable que les opinions politiques bien connues de M. Châteaubriand ne sont pas celles du jour. Tout ce qui a rapport à la lecture de ces mémoires, et à l'effet produit sur le public par les révélations indiscrètes de ceux qui y ont assisté, a été réuni dans un volume très intéressant contenant les articles tirés de la plupart des Revues littéraires de France, chacune offrant à ses lecteurs le rapport le plus exact qu'elles ont pu se procurer de ces *lectures de l'Abbaye*. Parmi les articles ainsi réunis on trouve des *morceaux* sortis de la plume de tous les partis politiques de la France, mais il n'y en a pas un seul qui ne rende un hommage sincère et, je puis même dire fervent, à la haute réputation littéraire et politique de M. de Châteaubriand.

M. Nisard a écrit pour ce volume une préface pleine d'enthousiasme pour son sujet, et qui décrit avec feu les circoustances qui accompagnent les lectures et tout ce qui a rapport aux différens comptes qui en ont ét érendus.

Il paraît que les plus vives sollicitations ont été adressées à M. de Châteaubriand pour l'engager à publier ses Mémoires pendant sa vie; mais elles ont été vaines jusqu'à présent. Les réponses qu'il y a faites sont aussi touchantes que vraies: en attendant, il est impossible de ne pas regretter que, pour jouir de la lecture d'un ouvrage si plein d'intérêt, il faille que l'un des hommes les plus aimables du monde soit perdu pour lui. Toutes les personnes admises dans son cercle doivent, j'en suis sûre, désirer bien sincèrement de ne jamais voir autre chose de ses Mémoires que ce qu'il lui plaît de leur en montrer; mais il a trouvé le moyen de faire en sorte que la grande masse des hommes doive regarder sa mort comme un évènement désirable. Malgré tous ses raisonnemens je trouve qu'il a tort. Les personnes qui ont vu son ouvrage tout entier ou du moins en grande partie, assurent qu'il est le plus important et le plus remarquable qu'il ait composé, et comme il embrasse l'époque la plus intéressante, de l'histoire du monde. et sort de la plume d'un homme qui a joué sur la scène politique des rôles si célèbres et si variés, il est facile de concevoir qu'il en doit être ainsi.

Vous sentez bien, ma chère amie, après ce que je viens de vous dire, que la fête intellectuelle à laquelle nous fûmes invitées à l'Abbaye-aux-Bois était une faveur dont nous avons toute raison d'être fières. Il est certain que je ne crois pas avoir jamais éprouvé plus de satisfaction que dans cette occasion. La chose elle-même, ainsi que la bonté flatteuse avec laquelle il nous fut permis d'en jouir, furent pour moi deux sources égales de plaisir. Je puis bien dire, ainsi que M. Lavergne : « Je vivrais des milliers d'années que je ne l'oublierais jamais. »

Je ne fus pas peu touchée du choix du morceau; *du fruit défendu, cette partie la plus défendue*, comme l'appelle M. Lavergne, aurait été précisément celle que j'aurais choisie si le choix m'en avait été offert. Le voyage de M. de Châteaubriand à Prague fournit une scène historique aussi intéressante qu'il est possible de l'imaginer, et je ne crois pas que jamais écrivain, avant lui sans excepter même Jean-Jacques et sir Walter, eût pu la raconter avec plus de véritable sensibilité et une grâce plus achevée.

Exempt de toute affectation, le style en est parfait dans sa simplicité, quoique brillant de toute la ferveur d'une imagination poétique et de toute la tendresse d'un cœur sensible. C'est une galerie de portraits vivans qu'il amène devant les yeux comme par magie. Il n'y a pourtant aucune description de détail; l'effet puissant, si péniblement puissant, qu'il produit, est dû à la touche du grand maître qui ne se trompe jamais. Je croyais voir devant moi la race royale, dont chaque membre était marqué et distinct dans son individualité. Je me disais comme à l'aspect d'un portrait bien fait : « Je suis sûre que c'est là une ressemblance parfaite. » Plusieurs passages firent une profonde impression sur mon imagination et sur ma mémoire; et il me semble que je pourrais retracer quelques-unes des scènes que le noble auteur décrit, avec une fidélité qui ressemblerait à une indiscrétion. Il y avait des mots qui nous firent verser d'abondantes larmes, et puis, tout à coup, changeant de ton, il nous offrit de la jeune princesse et de son frère le portrait le plus charmant, le plus gracieux, le plus souriant qu'il possible à une plume de tracer. Cette princesse doit être bien noble et bien belle; c'est une de ces femmes qui jadis auraient vu flotter leurs couleurs sur le casque des plus célèbres preux de la chrétienté, mais la chevalerie n'est pas à la mode aujourd'hui. Il n'y a, comme on dit, rien de *positif* à y gagner, et je suis portée à croire que le cœur de M. de Châteaubriand est le seul dans lequel, de nos jours, elle brille avec autant d'éclat.

La société rassemblée à cette occasion chez madame Récamier ne passait pas dix-sept personnes, y compris M. de Châteaubriand et la maîtresse du lieu. La plupart de ces personnes avaient été présentes aux précédentes lectures. Dans le nombre se trouvaient mesdames les duchesses de La Rochefoucault et de Noailles, et encore une ou deux dames nobles. Je compris que le génie n'appartenait à aucun parti politique, quand je vis entrer aussi la petite-fille du général Lafayette. Son mari est, dit-on, de l'extrême gauche, et pourtant je remarquai qu'ils prêtèrent une oreille aussi attentive qu'aucun de nous aux moindres détails touchans de cette mélancolique visite. Et comment aurait-il pu en être autrement? Cette dame était placée sur un sofa, entre madame Récamier et moi, tandis que le lecteur, M Ampère, et M. de Châteaubriand lui-même, étaient assis sur un autre sofa placé à angles droits avec le nôtre; de sorte que j'eus le plaisir d'observer le jeu de la physionomie la plus expressive que j'aie jamais vue, pendant que l'on nous communiquait les nobles effusions de son esprit et de son cœur. J'avais de l'autre côté une personne que j'étais charmée de rencontrer, le célèbre Gérard, et j'eus le plaisir de causer pendant quelques instans avec lui avant que la lecture ne commençât. Il est du nombre des hommes dont l'aspect et les discours ne trompent pas l'attente que fait toujours naître une haute réputation.

On ne forma point un cercle en règle : les dames s'approchèrent un peu du sofa qui était placé aux pieds de Corinne, et les hommes se tinrent en groupes derrière elles. Le soleil était une lumière adoucie à travers les rideaux de taffetas blanc; des fleurs délicieuses embaumaient l'air, les paisibles jardins de l'Abbaye s'étendaient sous les fenêtres à une distance assez considérable pour mettre à l'abri des sons de Paris; en un mot l'ensemble était parfait. Faut-il s'étonner que j'aie été enchantée et que j'aie cru la circonstance digne de devenir le sujet de mes plus doux souvenirs?

L'effet qu'a fait sur nous cette délicieuse matinée n'a, je vous assure, rien de singulier; il serait facile de remplir un volume de tous les témoignages de bonheur et de reconnaissance qui ont été offerts de divers côtés en retour de cette insigne faveur. Madame Tastu, que j'ai entendue surnommer la Hemans de la France, a assisté à plusieurs de ces lectures, et a exprimé ses remerciemens dans une jolie petite pièce de vers qui se termine ainsi :

. . . . Ma tête
S'incline pour saisir jusques aux moindres sons,
Et mon genou se ploie à demi, quand je prête,
Enchantée et muette,
L'oreille à vos leçons.

Puisque je parle de vers à ce sujet, je vais vous communiquer, en finissant ma lettre, un morceau qui, à ce que je crois, n'a guère été vu encore que par la personne à qui il était adressé. Ces vers sont de cette H. G. qui a si admirablement traduit les douze premiers chants de la *Frithiof Saga*, dont le succès a été si grand à Londres le printemps dernier.

H. G. est une Anglaise, mais qui depuis l'âge de deux ans jusqu'à dix-sept a vécu aux États-Unis d'Amérique; si je ne vous avais pas fait ce préambule vous n'auriez pas compris son allusion à la demeure lointaine de sa jeunesse. Vous remarquerez que ce n'est point un remerciement qu'elle adresse pour avoir été admise à l'Abbaye, mais la prière d'y être reçue. Je désire bien sincèrement qu'elle réussisse.

« A M. LE VICOMTE DE CHATEAUBRIAND;

« Dans cette région lointaine, dans cette terre occidentale, où mon enfance et ma jeunesse ont glissé si rapidement, hélas! pourquoi mon cœur était-il oppressé? pourquoi si souvent mes yeux se remplissaient-ils de larmes?

« Non!... ce n'était pas qu'il me disait que

le plaisir se trouve seulement dans les cours où résident d'orgueilleux monarques. Je ne regrettais pas de ne pouvoir plier le genou au pied d'un trône, ni adorer la magnificence d'un empereur.

« Mais, ô Europe, la cause de la douleur que, dès mon enfance je ressentais toutes les fois que je prononçais ton magique nom, c'était la pensée que là le brillant génie habitait et remplissait de sa flamme un petit nombre d'esprits choisis.

« Et maintenant que, pélerine, je visite tes rivages, je ne m'informe point des lieux où les rois étalent leurs pompes; mais je voudrais contempler et adorer en toute humilité la couronne de lauriers qui, ô Châteaubriand, décore ton front.

« Je sais que ma voix est faible et mon nom inconnu; mais dis, faut-il pour cela que mes accens soient prononcés en vain? Par de là l'Atlantique nous sommes fiers de ta renommée, et nous aimons à répéter que ton pied a foulé nos plaines.

« Grand poète, ne rejette donc point la

prière que je t'adresse, tremblante d'émotion. Permets-moi de chercher dans tes pages éloquentes à connaître quels sont les plaisirs et les chagrins que le génie peut éprouver.

« H. G. »

LETTRE LXI.

Le Jardin des Plantes. — La Salpétrière. — Les Invalides. — Le Dôme.

Une longue matinée que nous venons encore de passer sur l'autre rive de la Seine, nous a procuré une ample moisson de plaisir et nous a renvoyés chez nous, fort contens de notre expédition, puisque, après des réflexions mûres et impartiales, nous avons pu décider que notre Jardin zoologique, inférieur en quelques points au Jardin des Plantes, si long-temps et si justement célèbre, l'égale en beaucoup d'autres, et qu'il y en a même dans lesquels il lui est infiniment supérieur.

Considéré comme musée et comme pépinière à l'usage des botanistes, il est évident que nous ne pouvons songer à comparer notre établissement, encore si neuf, à celui de Paris;

mais zoologiquement parlant il lui est fort préférable. La collection d'animaux, tant de quadrupèdes que d'oiseaux, est à mon avis plus belle, et est certainement mieux entretenue. J'avoue que je leur envie leur magnifique girafe; mais hormis cet animal, qu'ont-ils que nous n'ayons aussi? Considérez ensuite la beauté des promenades. Je me rappelle qu'un jour j'entendis un marchand de nouveautés de Londres, voulant citer Byron, s'écrier derrière son comptoir : « O Angleterre, malgré tous tes défauts, je ne peux m'empêcher de t'aimer encore. » Et je suis tout-à-fait de l'avis de mon marchand de nouveautés. Je ne puis m'empêcher d'aimer ces pelouses veloutées, ces arbustes fleuris naissant en liberté, ces sentiers sinueux, si éminemment anglais, que tantôt l'on voit et qui tantôt se perdent sous un vert labyrinthe d'ombrage; on trouve tout cela au Jardin zoologique et beaucoup plus qu'au Jardin des Plantes, et voilà pourquoi je préfère le Jardin zoologique.

Du reste, ma chère amie, il faut que nous gardions un prudent silence sur les cours et sur la facilité que l'on a d'y être admis ; ce n'est pas là notre fort : cependant si la bourgeoisie de Paris continue encore pendant quelque temps à devenir de jour en jour plus grande et plus puissante, quand elle aura appris ce que ses mercantiles voisines savent depuis long-temps, c'est-à-dire qu'il est nécessaire que chacun

Se défende bien ;
Car dans le siècle où nous sommes ,
On ne donne rien pour rien.

Si cela arrive, dis-je, et je crois que cela ne peut pas manquer, il n'y aura pas à Paris non plus de cours gratis.

Du Jardin des Plantes nous allâmes visiter le magnifique hôpital de la Salpétrière. Je vous épargnerai cependant toutes les belles choses que l'on pourrait dire à ce sujet, et je me contenterai de vous citer un petit fait qui arriva pendant que nous examinions la cour découverte où les imbéciles et les folles prennent leur exercice journalier. Je remarquerai, par parenthèse, que, sans prétendre blâmer les directeurs de cet établissement de ce qu'ils mettent perpétuellement sous les yeux les unes des autres les malheureuses qui se trouvent dans des périodes différentes de leur terrible maladie, l'effet que ce mélange fait sur les spectateurs est on ne saurait plus pénible.

Par suite de ma prédilection habituelle pour les spectacles terribles, je demeurai pendant plus de vingt minutes immobile, observant la manière dont elles paraissaient se considérer mutuellement. Si mon imagination ne m'a point trompée, j'ai cru reconnaître que celles dont l'esprit était le moins dérangé regardaient les autres avec une sorte de triomphe et avec le sentiment de leur propre supériorité. Elles contemplaient les gestes déréglés de leurs camarades et riaient à se tordre. En un mot c'est un spectacle plein d'horreur. Mais pour revenir à l'anecdote que je vous ai promise, une grosse fille, qui paraissait plus imbécille que folle, faisait des niches qu'une femme qui semblait jouir de quelque autorité sur elles s'efforçait de faire cesser; il était évident que la jeune fille savait ce qu'on voulait d'elle; mais elle persévérait avec une sorte d'entêtement déraisonnable, au point que l'inspectrice ou la matrone fut obligée de la prendre par le bras pour l'emmener dans la maison. L'imbécille résista encore, et ce ne fut pas sans peine et sans une espèce de violence que l'on parvint à l'entraîner.

« Quelle horrible cruauté ! » s'écria une femme qui de même que moi examinait les patientes. Pendant qu'elle parlait, une vieille habitante de l'hospice vint à passer appuyée sur sa béquille. Elle s'arrêta dans sa marche incertaine, et de la douce voix d'une tranquille raison, elle dit, avec un accent qui me fit juger qu'elle n'avait pas toujours été malheureuse :

« Horrible cruauté, bonne femme ?... Elle empêche cette folle de faire ce qu'elle ne doit point faire. Si vous étiez chargée de la surveiller, vous croiriez de votre devoir de faire comme elle, et vous auriez raison. Mais les mots d'horrible cruauté sont bientôt dits et paraissent dictés par un bon cœur. Ceux qui ne sont pas accoutumés à gouverner regardent comme un crime et une honte d'employer l'autorité, de quelque façon que ce soit. »

Comme elle achevait ces mots, la vieille femme s'éloigna en boitant, et me laissa convaincue que la Salpétrière n'est pas seulement un asile pour les folles.

De cet hôpital nous nous rendîmes à un autre placé à l'extrémité opposée de Paris. Ce fut du côté des Invalides que nous nous dirigeâmes, et l'aspect de cet établissement si agréable, si commode, si confortable, nous offrit un bien doux contraste avec la scène que nous venions de quitter. La Salpétrière nous avait rendus taciturnes et mélancoliques ; mais l'intéressant et vaste édifice des Invalides nous rendit toute notre bonne humeur : deux personnes de notre société n'y avaient jamais encore été, et les autres prenaient un singulier plaisir à leur indiquer tous les objets remarquables qui les avaient frappées dans leurs précédentes visites. Il n'y a pas de lieu qui soit mieux fait pour exciter à la conversation. Il y tant à dire d'un côté sur notre Greenwich et la reine Elisabeth, et de l'autre sur les Invalides et Louis-le-Grand! Et puis nous avions la statue d'un homme plus grand encore que Louis à contempler et à prendre pour thème de nos réflexions morales : celle de Napoléon. Quelques vétérans avaient grimpé jusqu'au haut de cette statue, en dépit peut-être d'une jambe de bois ou d'un bras de moins, et avaient couronné cette tête, toujours respectée, d'une guirlande fraîche de lauriers.

Pendant que nous étions arrêtés devant cette statue, un bon vieillard fixa notre attention par son salut aimable et sa physionomie ouverte. Nous le questionnâmes et nous causâmes avec lui, jusqu'à ce que, devenu lui-même le héros de ses discours, il nous apprit avec la plus grande exactitude où il avait reçu sa première blessure, quelle avait été sa plus glorieuse campagne, et surtout quel avait été le général qui méritait le mieux les bénédictions d'un vieux soldat.

Ceux qui, en écoutant de pareils récits en France, s'imaginent qu'ils entendront prononcer un autre nom que celui de Napoléon, sont dans une grande erreur. Nous avons beau parler de terribles conscriptions, d'empoisonnement à Jaffa, ou d'abandon à Moscou, le simple fait qui répond à tout, c'est qu'il était adoré de ses soldats quand il était avec eux, et que sa mémoire est encore l'objet d'un enthousiasme auquel l'histoire n'offre rien à comparer. L'accent même avec lequel le nom de *Napoléon* et le titre d'*empereur* est prononcé par ses vétérans, suffit pour prouver tout ce qu'il était pour eux. Ils sont plus grands d'un pouce quand ils parlent de lui; ils avancent la poitrine, et hument l'air comme un vieux cheval de bataille quand il entend le son de la trompette.

Et pourtant, malgré tous ces intéressans sujets de méditation, nous n'oubliâmes pas ce qui avant tout mérite de fixer les regards de l'étranger lorsqu'il visite les Invalides, je veux dire l'intérieur du dôme. Mais il ne se voit qu'à des heures fixes, et il était trop tard pour celle du matin, quoique de trop bonne heure pour celle du soir. Le dôme ne s'ouvrait qu'à quatre heures et il n'en était encore que trois. On nous engagea d'entrer dans le réfectoire, dans les cuisines et dans le jardin, où nous vîmes plusieurs petits enclos cultivés par de vieux soldats qui ont échangé leurs fusils pour des bêches, et sont bien plus heureux que leurs camarades oisifs. Dans trois de ces parcs en miniature nous trouvâmes de petites statues en plâtre de Napoléon, fichées dans un buis ou dans un rosier; l'une d'elles avait une guirlande de feuillage autour de son chapeau à trois cornes, et toutes les trois étaient placées avec autant d'intention, quant à l'effet, que les plus belles statues des Tuileries.

Si le ciel permet à l'esprit de Napoléon de planer sur Paris, et de recueillir les lauriers épars de sa gloire posthume, ce n'est pas dans les vastes appartemens des Tuileries qu'il doit se rendre; il n'éprouverait pas non plus une grande consolation à écouter ses pacifiques maréchaux, jadis si belliqueux; non, si ses mânes sont bien inspirées, elles glisseront rapidement à travers la galerie du Louvre pour la comparer à leurs souvenirs terrestres; elles se balanceront pour un moment sur la statue de la place Vendôme, et le reste du temps qu'elles consacreront à cette visite terrestre, se passera au sein de leurs fidèles invalides; ce n'est que là qu'elles trouveront un accueil qui leur plaise. A la vérité, la nation tout entière aime à parler de la gloire de Napoléon, mais elle n'a plus que peu de chose en commun avec celui qui fut son empereur.

La France avec une Charte, la France sans Charte, ne diffèrent pas, à beaucoup près, autant entre elles que la France militaire et la France *bourgeoise* ou *boursière*. Sous Napoléon elle fut le type d'une guerre heureuse; sous Louis-Philippe elle sera, je pense, pourvu que les républicains la laissent tranquille, celui d'une paix prospère. Une épée et un plumet peuvent servir d'emblème du premier; un métier et une bourse seraient la devise du second.

. . . .

Quatre heures n'avaient pas encore sonné. On nous fit passer dans la chapelle, et nous nous décidâmes à attendre tranquillement l'heure de l'ouverture du dôme, assis sur les bancs très commodes destinés aux vieux soldats qui fréquentent cette chapelle.

Là, étendus à notre aise, nous nous portâmes l'un l'autre le défi de découvrir parmi la multitude de drapeaux suspendus au-dessus de nos têtes, quelques étendards anglais. Il n'est guère possible qu'il ne s'en trouve pas quelques-uns dans le nombre, et pourtant il est certain que nous ne pûmes en découvrir aucun. Il y a à la vérité un bâton auquel demeurent attachés quelques méconnaissables lambeaux, et qui aura peut-être été arraché au ferme poignet d'un Anglais; mais, comme je viens de le dire, ce fut plutôt par l'impossibilité d'y reconnaître les couleurs de toute autre nation, que par aucun témoignage positif, que nous finîmes par conclure que l'objet que nous voyions avait peut-être jadis fait partie d'un étendard anglais.

Nullement affligés de n'avoir pas mieux réussi dans notre recherche, nous suivîmes le guide qui vint enfin nous chercher pour visiter le dôme; nous étions aussi gais et nous causions avec autant de feu, que si nous n'avions pas été occupés depuis quatre heures à voir des curiosités. Mais ce que la fatigue n'aurait pu faire fut produit l'instant d'après par l'étonnement, l'admiration et le plaisir. Jamais silence plus complet ne vint saisir un groupe parlant avec gaieté, que celui que nous imposa l'aspect de cette inimitable chapelle. La parole n'est certainement pas la première ressource ni la plus naturelle à laquelle l'esprit ait recours, quand il se sent ainsi réveillé, mais saisi d'admiration; enchanté, mais frappé de respect.

Je n'ai pas encore été à Rome, et je ne sais ce que j'éprouverai si jamais je me trouve placée sous le dôme de Saint-Pierre. Là, je pense, l'ame doit être saisie par une sensation de grandeur et d'étendue; ici c'est celle de la beauté, de l'harmonie et de la grace.

Je ne connais rien que je puisse y comparer. Le Panthéon, ci-devant Sainte-Geneviève, avec toute sa noblesse et sa majesté, est lourd et presque disgracieux à comparer aux Invalides. Quoique ne possédant absolument aucune majesté religieuse, et étant sous ce rapport inférieur au chœur de Cologne, ou à la chapelle du Collége du roi à Cambridge, le dôme des Invalides produit néanmoins sur les sens un effet plus grand que l'un ou l'autre de ces édifices.

J'attribue cela à ce qu'il ne s'y trouve aucun mélange d'objets différens. Le tabernacle d'or semble compléter plutôt que détruire l'unité de l'ensemble. Si je pouvais me donner à moi-même une fête, j'aimerais à la célébrer dans ce sanctuaire de marbre si pur, si brillant, si vaste et si aimable, tandis qu'un orchestre complet et choisi exécuterait dans l'église les chefs-d'œuvre de Handel et de Mozart.

LETTRE LXII.

Le Diner sur l'herbe à Montmorency. — Les vicissitudes du voyage.— Saint-Denis et les Caveaux. — L'accident.

Il y a plus de quinze jours que nous fîmes, avec une société fort agréable de vingt personnes, la partie de passer une journée loin de Paris et de faire un gai *dîner sur l'herbe*. Mais il n'est pas très facile de fixer un jour qui convienne également à vingt personnes. En attendant, une volonté ferme surmonte tous les obstacles. Le jour fut pris, et le but convenu de l'excursion fut Montmorency. Maintenant je puis vous dire que notre projet a été effectué et que nous nous sommes réellement fort amusés, quoique la journée ne se soit pas passée sans désastres. Un de ceux-ci eut lieu au moment même de partir et faillit faire manquer complètement la partie. Le lieu général du rendez-vous pour nous et nos paniers avait été indiqué à la galerie Delorme, et ce fut là que la personne chargée de l'ordonnance des préparatifs, avait dit aux voitures de venir nous prendre. A dix heures précises, le premier détachement de la société fut déposé avec ses bagages à l'extrémité méridionale de la galerie; un second détachement suivit, et puis un troisième, jusqu'à ce qu'enfin le nombre des voyageurs se trouvât complet. Les paniers étaient empilés les uns sur les autres, et les passans lisaient notre histoire à la fois dans ces paniers et dans nos regards inquiets qui ne cessaient de se diriger vers le côté par où les voitures devaient arriver.

Quel supplice!... Chaque minute, chaque seconde faisait retentir à nos oreilles le bruit de roues, mais ce n'était que pour tromper plus cruellement nos espérances; les roues passaient, les voitures ne s'arrêtaient point pour nous, et nous restions *in statu quo*, tantôt nous regardant les uns les autres, tantôt contemplant tristement nos paniers.

Ce fut alors, comme dans toutes les grandes

occasions, que se fit connaître le caractère particulier de chacun de nous. Ceux dont l'ame était ferme et inébranlable s'assirent sur les paquets, décidés à braver les regards des passans plutôt que de renoncer à leur projet. Ceux au contraire qui étaient plus timides et moins constans dans leurs résolutions proposèrent tout bas de rentrer à la maison, tandis que d'autres, toujours livrés à l'espérance, souriaient, jetaient de longs regards hors de la galerie et souriaient encore : mais les voitures n'arrivaient toujours pas.

J'ai lieu de croire que ce furent ces espérances et ces sourires qui nous épargnèrent en définitive un désappointement total : car les jeunes gens de la société, se réveillant tout à coup de l'apathie à laquelle ils étaient livrés, déclarèrent tout d'une voix, qu'il ne fallait pas tromper l'attente de ces demoiselles, et convinrent entre eux du nombre et du genre des voitures que chacun d'eux devait aller chercher, et qu'il devait s'engager à trouver, si sa réputation lui était chère; ils partirent chacun de leur côté, nous laissant remplis d'un nouveau courage et bravant les regards curieux qui s'attachaient sur nous.

Notre demi-douzaine d'aides-de-camp revint en triomphe au bout de quelques minutes, chacun avec sa *Delta* ou sa *Citadine*, et la galerie Delorme fut bientôt laissée fort loin derrière nous.

Il est heureux pour vous que nous n'ayons pas eu à faire un *voyage par mer* et un *retour par terre*, sans quoi mon récit pourrait devenir sinon aussi spirituel, du moins aussi long, que l'immortelle expédition à Saint-Cloud. Je ne ferai donc pas un volume, mais je ne puis m'empêcher de vous dire que nous nous sommes arrêtés à Saint-Denis.

L'Église est magnifique : c'est un parfait bijou de véritable architecture gothique, large, vaste, élégant. Nous vîmes aussi cette église d'une manière fort avantageuse, car elle n'a ni orgue, ni autel, ni rideau, pour distraire l'œil qui admire la grande et simple beauté du dessin original. Les réparations dont on s'occupe ont un caractère vraiment royal. Elles se font sur une noble échelle et dans un goût excellent.

Plusieurs tombeaux restaurés, qui sous l'empire faisaient partie de la collection des Petits-Augustins, font aujourd'hui de nouveau l'ornement de Saint-Denis. Quelques-uns d'entre eux ont assez de mérite pour pouvoir être cités comme des échantillons purs et parfaits de la sculpture monumentale du moyen-âge. Mais les trésors de l'art qui comptent mille ans d'antiquité ne peuvent pas, sans se détériorer, voyager comme les décorations d'une troupe de comédiens ambulans, et au gré du caprice de l'acteur qui momentanément joue le rôle de roi. Quelques-uns de ces anciens tombeaux ont recouvré les effigies qui dans l'origine les ornaient mais qui n'ont pas peu souffert du transport. D'autres fois ces mêmes images reposent sur des monumens tout neufs et dont l'éclatante blancheur ne prouve que trop le peu d'antiquité.

Après avoir examiné en détail l'église et le mélange de trésors anciens et nouveaux qu'elle renferme, nous nous consultâmes pour savoir s'il nous restait encore assez de temps pour descendre dans les caveaux. Une personne de la société ayant remarqué que nous ne devions pas manquer l'occasion de visiter ce qu'il appelait spirituellement *le Palais royal de la Mort*, nous fîmes ouvrir pour nous les portes de fer, et nous descendîmes avec une sorte de respect religieux dans la pompeuse tombe. Les tristes résultats de l'audacieux amour du changement, pour qui rien n'est sacré, est plus visible encore et fait un effet bien plus pénible en ce lieu que dans le reste de l'église. Tous les tombeaux des rois de France que l'on a pu rassembler sont réunis ici, mais avec une telle incongruité de dates qu'elle détruit presque entièrement l'imposant effet de ce magnifique souterrain.

Et si le spectateur, voulant pénétrer plus loin que son œil ne peut le conduire, demande en quel lieu reposent les restes mortels de chacun des rois dont il voit l'image, la réponse qu'il recevra lui fera voir que la royale poussière de France a été éparpillée aux quatre vents du ciel. Rien ne m'a jamais paru plus étrange que *la naïveté* avec laquelle notre guide nous informa que dans toute cette multitude de tombes royales, il n'y en a pas une seule qui renferme le moindre vestige des restes mortels de ceux à la mémoire de qui elles ont été élevées.

Pour l'amour du bon goût et par horreur pour l'inconséquence, ces gardiens des sépulcres royaux de la France, devraient recevoir une consigne plus poétique. A mesure que celui qui nous accompagnait parlait, tous les majestueux monumens de ces augustes morts, à côté desquels mon pied avait passé avec un tremblement respectueux et ma voix était devenue muette, me parurent tout à coup convertis en vains ornemens tels que ceux qui décorent la boutique d'un marbrier. La métamorphose fut complète.

Je ne pus m'empêcher de songer avec un sentiment d'orgueil national au contraste qu'offrent sous ce rapport l'abbaye de Westminster et la chapelle de Saint-George. Les monumens de ces deux temples royaux forment une suite aussi intéressante pour l'histoire de l'art que pour celle de notre race royale, et le pieux respect avec lequel nous contemplons ces tombes sacrées n'est point troublé par le sentiment pénible d'une profanation.

L'objet le plus intéressant que renferme les caveaux de Saint-Denis, et le seul dont la vue cause une sensation dont la force soit plutôt augmentée que diminuée par les incongruités dont il est entouré, c'est la porte du caveau préparé par Napoléon pour lui-même. Elle porte l'inscription suivante:

ICI REPOSENT

LES DÉPOUILLES MORTELLES

DE

Cette inscription subsiste encore, ainsi que les portes massives de bronze avec leurs triples serrures, destinées à fermer la tombe. Ces riches portes ne sont point suspendues sur des gonds, mais reposent contre un mur de maçonnerie solide, au-dessous de laquelle se lit l'inscription que je viens de transcrire. Le caveau impérial, ainsi choisi par le despote vivant pour recevoir une cendre que, par la volonté du ciel, nous avons placée ailleurs, ce caveau est fort remarquable par sa situation, étant placé immédiatement sous le maître-autel et au centre des cryptes qui décrivent la même élégante courbe que la chapelle de la Vierge qui les surmonte. Il contient maintenant les corps de Louis XVIII et du duc de Berri et est complètement muré.

Dans un autre caveau, à l'extrémité de ces cryptes circulaires, et absolument privé de la lumière du jour, mais rendu visible par la lumière d'une seule lampe sépulcrale, se trouvent deux cercueils contenant les restes des deux derniers princes du sang royal décédés, j'oublie leurs noms. Quand je demandai à notre guide pourquoi ces deux cercueils étaient ainsi exposés à la vue, il répondit de l'air d'une personne qui donne des renseignemens sur une chose aussi irrévocable que l'étaient les lois des Mèdes et des Perses.

« *C'est toujours ainsi.* » Puis il ajouta que quand un autre corps royal serait amené dans le caveau, celui des deux qui avait été déposé le premier serait placé sous le monument préparé pour lui; mais que deux corps devaient toujours rester ainsi.

Toujours et *jamais* sont des mots que prudemment on ne devrait point employer sans y mettre une réserve; mais quand il est question de l'état politique de la France, je crois qu'il vaudrait mieux ne pas s'en servir du tout.

Nous retournâmes à nos voitures et nous continuâmes notre agréable promenade. La dernière partie de la route est fort belle, et nous mîmes tous pied à terre au bas d'une montagne fort escarpée, autant pour jouir de la beauté de la perspective que pour procurer du soulagement à nos chevaux.

Nous arrivâmes enfin au fameux *Cheval blanc* à Montmorency. S'il faut en croire la tradition, l'enseigne de cette auberge a été peinte par Gérard qui, pendant sa jeunesse, ayant fait, avec son ami Isabey, un pélerinage à ce romantique site, ne trouva d'autre moyen de payer leur dépense qu'en peignant une enseigne pour leur hôte. Nous quittâmes là nos fatiguées et fatigantes citadines, et nous nous mîmes à chercher parmi la multitude de chevaux et d'ânes qui se trouvaient tout sellés et tout bridés devant la porte de l'auberge, vingt bêtes bien conditionnées, plus une couple de baudets de somme, pour nous porter à la forêt nous et nos provisions.

Comment décrire le tumulte et le bruit qui accompagna cette opération? Nous étions assaillis de tous côtés par une multitude de vieilles femmes et de garçons déguenillés.

« *Tenez, Madame; voilà mon âne! y a-t-il une autre bête comme la mienne?* »

—« *Non, non, non, belles dames, ne le croyez pas, c'est la mienne qu'il vous faut..... etc., etc., etc.* »

—« *Et vous, Monsieur, c'est un cheval qu'il vous faut parce que, n'est-ce pas?.... En voilà un superbe....* »

La foule de vieilles voix enrouées et de jeunes voix criardes, qui se mêlaient à notre propre musique, produisirent un tumulte qui fit arriver sur la place la moitié de la population de Montmorency, pour nous regarder bouche béante. Quoi qu'il en soit, nous fûmes enfin montés et nos paniers le furent aussi, mais plus difficilement que leurs propriétaires.

Avant de pénétrer dans la vaste forêt et

de songer au joyeux repas que nous devions faire sous son ombrage, nous avions à accomplir un pélerinage au temple qui a donné à ce lieu toute sa célébrité. Jusqu'à ce moment nous n'avions encore pensé qu'à sa beauté. Qui ne connaît les charmans sites de Montmorency? quand même le nom de Rousseau ne communiquerait pas un intérêt romanesque à ses moindres sentiers, ses montagnes et ses vallées, sa forêt et ses champs, suffiraient pour égayer l'ame et enchanter les yeux.

Une journée dérobée à la dissipation, à la poussière et au bruit d'une grande ville, est toujours délicieuse; mais quand on en jouit dans toute la verte perfection des derniers jours de mai, alors que chaque nouvelle feuille et chaque fleur nouvelle est ouverte à la délicieuse brise, et que pas une d'entre elles n'est encore tombée sous son souffle, le bonheur est sans aucun mélange. C'est comme si l'on voyait représenter une pièce nouvelle dans un moment où tous les costumes et toutes les décorations sont encore dans leur fraîcheur. Cette saison est celle où l'esprit supporte avec le moins de peine et le plus de plaisir possible les pensées que fait naître l'aspect de l'*Ermitage*. Je n'ai pourtant nulle intention de me livrer à un épanchement de tendre sensibilité à l'occasion de la triste mémoire de Rousseau, ou de reconnaissance et d'enthousiasme au souvenir de Grétry, quoique une foule de petits objets soigneusement conservés dans le salon qu'ils ont habité, les rappellent l'un et l'autre, bien vivement à la pensée de ceux qui visitent ce lieu. Il est pourtant impossible de contempler la petite table modeste sur laquelle le premier et le plus grand de ces deux hommes de talent écrivit son *Héloïse*, ou l'épinette sur laquelle cet éloquent visionnaire charmait sa tristesse et sa solitude, sans éprouver quelque chose qui ressemble à du sentiment.

Devant la fenêtre de cette petite et sombre pièce qui s'ouvre sur le jardin, il y a un rosier planté par la main de Rousseau, et qui a fourni, dit-on, assez de boutures pour produire une forêt de rosiers. La maison est on ne saurait plus obscure et plus triste; mais le jardin est joli et sa distribution a quelque chose de bizarre qui me fait penser que sans doute il est encore tel qu'il l'a laissé.

Les souvenirs de Grétry produiraient, ce me semble, plus d'effet si on les voyait partout ailleurs. Cependant quand je regardai ses vieilles lunettes et plusieurs autres reliques domestiques marquées de son nom, je crus entendre résonner à mon oreille les deux accords de l'air «*O Richard, ô mon roi!*» mais les *rêveries du promeneur solitaire* valent toutes les notes que jamais Grétry ait écrites.

Une colonne de marbre élevée dans un coin ombragé du jardin porte une inscription, disant que Son Altesse royale la duchesse de Berry a visité l'Ermitage, et pris sous son auguste protection le cœur de Grétry qui avait été si injustement réclamé par les Liégeois de sa patrie française. Il m'a été impossible d'apprendre ce que cela voulait dire, et où Son Altesse royale avait trouvé le cœur du grand compositeur.

Quoique la faim et la fatigue que nous commencions à éprouver fussent des sensations assez favorables à la mélancolie, cependant je ne saurais dire que la majorité de notre société montrât une grande propension à la sensibilité. Elle est d'ailleurs si fort passée de mode, qu'il faudrait avoir bien du courage pour oser avouer en présence de vingt personnes livrées à la gaieté, que l'on en ressent même une légère atteinte. Il y avait pourtant parmi nous un Italien que je perdis de vue dès le moment que nous entrâmes dans l'Ermitage, et que je ne revis qu'après que nous fûmes tous remontés et en route pour les célèbres châtaigniers, à l'ombre desquels se sont faits tant de repas champêtres. Quand cet Italien nous rejoignit, je remarquai qu'il portait une rose à sa boutonnière, et je n'eus pas besoin de lui demander s'il l'avait cueillie sur l'arbre planté par le philosophe, et s'il avait rendu à ses mânes un hommage que nous autres n'avions, hélas! que trop négligé.

Du reste, quand même quelques-uns d'entre nous auraient éprouvé un léger serrement de cœur à l'Ermitage, cette sensation fut bientôt oubliée, et jamais société moins larmoyante ne pénétra dans la forêt de Montmorency.

Quand nous arrivâmes au lieu que nous avions fixé d'avance pour notre salle à manger, nous descendîmes de nos diverses *montures*, qui furent immédiatement desellées pour qu'elles pussent se rafraîchir et paître en liberté. On les attacha ensemble par groupes pittoresques, pendant que toute la société se mit à l'ouvrage avec cet air, impossible à décrire, d'agréable confusion et d'heureux désordre qui ne se rencontre que dans un pique-nique. J'ai entendu faire plusieurs remarques fort spirituelles, et même fort difficiles à répéter, sur l'excessive absurdité qu'il y a à renoncer à toutes les commodités que l'on regarde comme nécessaires pour rendre agréable un dîner chrétien, dans le seul but de dévorer ce repas indispensable sans aucun de ses agrémens. Que peut-on alléguer, en effet, pour excuser un pareil acte? Rien, si ce n'est peut-être que par quelque raison inexplicable, aucun des repas les plus somptueux et les plus délicats que l'on a occasion de faire dans le cours de l'année, ne procurent à beaucoup près autant de véritable plaisir que le dîner pris par terre, à la manière des Bohémiens, avec le gazon pour table et le feuillage des arbres pour dais. C'est une chose fort étrange, mais qui n'en est pas moins vraie, et tant que les hommes continueront à éprouver cette singulière augmentation de gaieté, par l'effet d'une action qui devrait au contraire la détruire, on ne saurait rien faire de mieux que de leur permettre de suivre à cet égard leur goût tant qu'il durera.

Nous voilà donc assis sur l'herbe, nous embarrassant fort peu de ce que les sages diraient de nous, et nous y restâmes au moins une heure et demie. Notre vieille femme et les garçons qui nous servaient de guides, placés à une distance respectueuse, mangeaient avec autant d'appétit et riaient d'aussi bon cœur que nous, pendant que nos bêtes, vues à travers les nombreux taillis dans lesquels elles étaient remisées, et leurs bizarres harnais empilés au pied d'une vieille aubépine à l'entrée du taillis, achevaient la ressemblance de notre campement avec celui d'une troupe de Bohémiens.

Le signal de nous lever fut à la fin donné, et la troupe obéissante fut sur pied en un instant.

Les chevaux et les ânes furent immédiatement sellés; chacun s'empara du sien et monta. On se questionna après cela pour savoir de quel côté on se dirigerait. Divers sentiers boisés se présentaient à nous en différentes directions, et tous paraissaient si séduisans que nous éprouvions une grande difficulté pour le choix.

« Donnons-nous tous rendez-vous dans deux heures d'ici au *Cheval Blanc!* »

Telle fut la proposition qui obtint l'assentiment général, et nous voilà partis par groupes de deux ou trois, chacun du côté où son idée l'appelait, afin de mettre le mieux possible à profit cet intervalle de liberté et de bon air.

J'étais fort tentée de m'en aller tout de suite à Eaubonne, quoique j'avoue que les descriptions *sivantées* que Jean-Jacques a faites de quelques-unes des scènes qui s'y passèrent entre lui et son amie madame d'Houdetot, dans lesquelles elle récompensa sa tendresse pour elle par de perpétuelles assurances de celle qu'elle éprouve elle-même pour Saint-Lambert; ces descriptions, dis-je, m'ont toujours paru tout l'opposé du sublime et du beau; et pourtant ce lieu doit singulièrement rappeler le souvenir de l'homme de qui les rêveries ont fait de toute cette région une terre classique. D'ailleurs, partout où je vais, j'aime à rapprocher de moi, autant que possible, le génie du lieu ; mais mon projet fut complètement renversé par l'observation de la vieille femme dont l'âne me portait.

« *Oh dame!... il ne faut pas aller par là... ce n'est pas là le beau point de vue?... Laissez-moi faire... et vous verrez!*

Elle énuméra alors tant de beaux sites dans la forêt qui devaient nécessairement être visités par *tout le monde*, que mes compagnons et moi décidâmes que ce qu'il y avait de mieux était de la *laisser faire*, et en conséquence nous partîmes dans la direction qu'elle nous indiqua. Nous n'eûmes pas lieu de regretter notre confiance, car elle savait fort bien ce qu'elle faisait, et elle nous fit réellement faire la plus belle promenade qu'il soit possible d'imaginer. A la vérité, je n'invoquai pas Rousseau dans les *bosquets d'Eaubonne*, ou à côté de la *cascade dont, nous dit-il, je lui avais donnée l'idée et qu'elle avait fait exécuter.* (Rousseau n'avait jamais vu les chutes du Niagara, sans quoi il n'aurait pas parlé de sa Sophie *exécutant* la cascade dont il lui avait donnée *l'idée*). » Mais quoique nous n'ayons pas été chercher Rousseau à Eaubonne, nous n'avons cessé à chaque pas que nous faisions dans cette belle forêt, de le voir en imagination, dans chaque fleur, dans chaque brin de mousse, dont l'étude faisait à Montmorency ses plus chères délices. Malgré le ridicule que les modernes progrès de l'intelligence se flattent d'avoir répandu sur le *sentiment*, je ne puis m'empêcher de croire que Rousseau a rendu en quelque sorte sacré le mot d'*herboriser*. Il y a quelque chose de si naturel, de si pur, de si délicieusement vrai dans ses expressions, quand il décrit le plaisir que cette occupation lui a donné, et qui forme un si grand contraste avec l'amertume de sa plaintive philosophie, et un contraste peut-être plus grand encore avec ses élans pleins d'éloquence, mais vicieux d'une passion déréglée, que de tous les sujets qu'il a traités il n'y en a aucun qui ait fait sur mon ame une impression plus vive.

Brillantes fleurs, émail des prés, ont une mélancolie mille fois plus touchante dans la bouche du pauvre solitaire Jean-Jacques, âgé de soixante-cinq-ans, que les paroles les plus passionnées qu'il ait fait prononcer à Saint-Preux ; et pour cette raison, je trouve les bois de Montmorency plus intéressans par leur liaison avec Rousseau que les sites les plus pittoresques des environs de Vivay.

La perspective du *rendez-vous de chasse* est admirable; pendant que nous nous arrêtions pour la contempler, notre vieille femme se mit à nous parler politique. Elle nous raconta qu'elle avait perdu deux fils qui étaient morts en combattant à côté de *notre grand empereur*, qui était certainement *le plus grand homme de la terre. Cependant* c'était une grande consolation pour de pauvres gens d'avoir le pain à *onze sous*, et c'était là ce que le roi Louis-Philippe avait fait pour eux. Après notre halte nous nous dirigeâmes de nouveau vers la ville, et nous poursuivions paisiblement notre délicieuse et fraîche promenade sous les arbres, quand nous fûmes arrêtés par un cri de holà!

parti de derrière nous. C'était un des garçons de notre cortége qui, monté sur le cheval qui avait servi à l'une des personnes de la société, galopait et criait après nous de toute sa force. La nouvelle qu'il apportait était fort désagréable. Un de nos messieurs avait fait une chute de cheval; on le croyait mort, et ce garçon avait été envoyé pour rassembler la société afin de savoir ce qu'il fallait faire. Le cavalier qui accompagnait notre détachement partit sur-le-champ avec le guide pour se rendre à l'endroit où l'accident était arrivé; mais comme le patient nous était tout-à-fait étranger et qu'il était déjà environné de plusieurs personnes de la société, je me décidai à retourner avec le reste de mon détachement à Montmorency pour y attendre au *Cheval blanc* l'arrivée des autres. Nous apprîmes qu'on avait déjà fait demander un chirurgien. Lorsque toute la société se trouva réunie à l'exception de ce malheureux jeune homme et d'un de ses amis qui était resté avec lui pour le soigner, nous découvrîmes, en nous faisant part mutuellement de nos aventures, que quatre personnes étaient tombées de cheval ou d'âne, mais heureusement trois de ces accidens n'avaient eu aucun résultat alarmant ; le quatrième avait été beaucoup plus sérieux; mais nous eûmes eu la satisfaction d'apprendre, avant notre départ, du chirurgien de Montmorency, qu'il n'y avait point de véritable danger à appréhender.

En attendant, ce douloureux contre-temps avait été accompagné d'une circonstance très heureuse. L'accident était arrivé devant la grille d'un château dont les propriétaires accueillirent le patient et son ami avec autant de bonté que d'hospitalité, quoiqu'ils fussent dans tout l'embarras qui suit le retour d'un long voyage. En conséquence, revenus à Paris, au nombre de dix-huit seulement, nous eûmes la consolation, en racontant les aventures du jour, de pouvoir animer notre récit par un épisode très intéressant sans être funeste, épisode dans lequel figuraient un château, de preux chevaliers et de courtoises dames, tandis que le blessé à qui leurs soins généreux avaient été prodigués, avait non-seulement donné des signes de vie, mais avait encore été, à la grande joie de toute la société, prononcé hors de tout danger et n'ayant aucune suite grave à craindre.

Ce fut ainsi que se termina notre journée à Montmorency, journée qui, en dépit de nos nombreux désastres, fut une des plus agréables que eussions passées depuis que nous sommes à Paris.

LETTRE LXIII.

George Sand.

Je vous ai plus d'une fois communiqué de mes observations sur l'accueil que l'on fait à Paris à cette terrible école de compositions qui tire toute sa puissance de la vigueur et de l'exagération qu'elle met dans la peinture des vices de notre nature et de tout ce qu'il y a de pire et de plus vil dans le cœur humain. Je me suis à plusieurs reprises appesanti sur ce sujet, parce que je l'ai souvent entendu débattre en Angleterre avec injustice ou du moins avec ignorance; et l'amour de l'équité et de la vérité, m'engage à répéter encore une fois que ces ouvrages si nuisibles, ainsi que leurs auteurs, ne sont pas mieux accueillis à Paris qu'ils ne le seraient à Londres.

C'est ce même amour de la vérité et de la justice qui m'engage à séparer de la bande une personne que la nature n'avait pas destinée à y appartenir. La dame qui écrit sous le nom de George Sand ne saurait être rejetée, même pour le défenseur le plus sévère des mœurs publiques, sans un soupir. Douée d'un grand talent, d'un talent peut-être sans égal pour écrire, madame D*** donne sans cesse des indications d'un cœur et d'un esprit qui semblent prouver qu'elle était destinée à occuper une place dans une compagnie bien différente de celle avec laquelle elle a préféré s'identifier.

Il est impossible qu'elle puisse écrire comme elle le fait, sans posséder quelques-unes des plus belles qualités de la nature humaine ; mais elle a été, elle est encore agitée par le tourbillon de principes indécis, de faux goût et de sentimens exagérés dans lequel les esprits maladifs du siècle aiment à se baigner ; aussi y a-t-elle contracté des souillures et des meurtrissures. Elle ne partage pourtant en rien leurs sentimens dépravés et leurs efforts mal dirigés ; elle possède une si grande portion du divin esprit qui anime le véritable génie qu'elle devra ce semble, en définitive, surnager sur le tourbillon qui a englouti ses compagnons. Il lui suffirait d'un seul effort de courage pour devenir encore un des plus beaux ornemens de son siècle.

Ce n'est pas seulement son pays, mais le monde entier qui a des droits sur elle, car le génie n'a point de patrie; il parle un langage qui est entendu et compris de tout le monde. Se pourrait-il qu'une âme comme la sienne fût insensible à la gloire d'enchanter les esprits les meilleurs et les plus purs du monde? Pourrait-elle préférer les vains applaudissemens de l'obscur troupeau qui se rit de la vertu, à l'hymne d'amour et de louange universelle qu'elle entend s'élever de la surface de la terre entière, pour glorifier le beau nom de Walter Scott.

Les talens de cette dame sont d'un ordre si sublime qu'ils la séparent complètement, quoique en apparence malgré elle, de toute société en connivence littéraire avec la multitude de petits écrivains de qui les théories morales semblent être de la même couleur que les siennes; et dans le tribut d'admiration que la justice me force de lui accorder, ma mémoire ne s'arrête que sur des passages qu'elle seule a pu écrire et que heureusement tout le monde peut lire.

Il est triste, à la vérité, d'être obligé de lire en quelque façon à la dérobée des volumes qui contiennent de semblables passages, et de quitter cette lecture le cœur enflammé d'admiration pour des paroles que l'on aimerait tant à pouvoir citer avec orgueil comme étant sorties de la plume d'une femme. Mais hélas! ces volumes sont fermés aux personnes jeunes et innocentes, et il n'est pas permis de les nommer au nombre de ceux qui nous ont procuré les jouissances spirituelles les plus vives.

Une preuve certaine que la tournure naturelle de son génie était faite pour l'élever bien au-dessus de toute l'école décousue, c'est que malgré la grâce magique de ses expressions, elle est toujours moins elle-même, moins originale, mille fois moins animée et moins inspirée quand elle peint des scènes d'amour illégitime et d'indifférence contre nature pour la décence, que quand, laissant flotter les rênes sur le cou de son propre Pégase, elle s'élance dans les brillantes régions des pensées sans tache et des méditations purement intellectuelles.

Je serais bien fâchée de citer les titres d'ouvrages qui n'auraient jamais dû être écrits et qu'il vaudrait mieux ne pas lire, quand même on y laisserait ensevelis à jamais des passages précieux pour la pensée et l'expression, passages qui produisent l'effet d'un rayon de soleil lorsqu'il pénètre par une fente dans un lieu profondément obscur.

En attendant, il y a certains morceaux de George Sand qui sont complètement à part des autres et que l'on peut citer sans inconvénient. *La Revue des Deux Mondes* a rendu plus d'une fois de grands services au public en reproduisant dans ses pages quelques ouvrages détachés de cet auteur. Au nombre de ces ouvrages se trouve un petit roman appelé *André*. Quoiqu'il ne soit pas absolument irréprochable, on peut l'indiquer comme offrant une preuve de ce dont l'auteur est capable. Le caractère de l'héroïne Geneviève est simple et naturel, et ce petit conte prouve que George Sand sait ce que c'est que la vertu. Et pourtant, même encore là, on voit poindre une étrange perversité d'intentions et de jugement. Cette Geneviève, de qui le caractère est conçu dans un esprit de pureté et de délicatesse réellement angéliques, cette créature d'une douceur et d'une innocence si exquises, commet une indiscrétion avec son amant avant de l'épouser, quoique cet incident soit absolument inutile à la marche du récit ou à la catastrophe. C'est une inconvenance *à pure perte ;* une incongruité si déplorable dans le caractère de Geneviève, si parfaitement gratuite, si opposée à tout le reste du tableau, qu'il semblerait que madame D*** eût reçu la *défense* de publier un seul volume qui ne fût empreint du sceau de sa *clique*; sans cela sans doute son ouvrage n'aurait pas cours parmi ceux qui la composent.

J'ai encore sous les yeux cette histoire d'André; et quoiqu'il me soit impossible de vous en donner aucune idée au moyen d'extraits, je vais en transcrire quelques lignes pour vous faire connaître la manière de l'auteur.

En parlant du pouvoir universel et de l'influence de la poésie, elle dit:

« Les idées poétiques peuvent s'ajuster à la
« taille de tous les hommes. L'un porte sa poésie
« sur son front, un autre dans son cœur; celui-ci
« la cherche dans une promenade silencieuse au
« sein des plaisirs, celui-là la poursuit au galop
« de son cheval à travers les ruines; un troi-
« sième l'arrose sur sa fenêtre dans un pot de
« tulipes. Au lieu de demander où elle est, ne
« devrait-on pas demander où elle n'est pas? Si
« ce n'était qu'une langue elle pourrait se perdre:
« mais c'est une essence qui se compose de deux
« choses: la beauté répandue dans la nature
« extérieure, et le sentiment départi à toute
« intelligence ordinaire. »

Ainsi l'on reconnaît encore la véritable tournure de son esprit lorsque en parlant de la vie future elle dit:

« Qui sait si dans un nouveau code de mo-
« rale, un nouveau catéchisme religieux, le
« dégoût et la tristesse ne seront pas flétris
« comme des vices, tandis que l'amour, l'es-

« poir et l'admiration seront récompensées
« comme des vertus ? »

C'est là une fort belle idée des *devoirs* imposés à un état d'existence plus heureux. N'est-il pas permis de penser que si nous étions ici-bas aussi vertueux qu'il nous serait facile de l'être, cette vie elle-même deviendrait une action de grâces, tandis qu'elle n'est le plus souvent qu'une existence de soupirs.

Je ne sais de quel côté je devrais me tourner pour trouver des pensées plus vraies, des idées neuves exprimées avec plus d'élégance que dans ce conte où sont décrites les occupations et les rêveries de l'héroïne. La profession de Geneviève est de faire des fleurs artificielles, et les études nécessaires pour la mettre en état de bien imiter ses charmans modèles, lui en ont donné une connaissance intime, dont le plaisir, ainsi que l'amour et l'admiration que ces fleurs lui inspirent, sont décrits en détail dans un style qui, j'en suis bien persuadée, ne pouvait appartenir qu'à George Sand. Il est en effet évident, dans tout ce qu'elle écrit, que les ouvrages de la nature sont les objets de son culte. Dans les *Lettres d'un Voyageur*, qui, je l'espère, ne sont pas encore terminées, puisque dans cet ouvrage l'auteur est parfait, sans rivaux et irréprochable, elle donne mille preuves d'un cœur et d'une imagination qui ne peuvent se sentir véritablement à l'aise que loin des cités corrompues. En écrivant à un ami à Paris, qu'elle annonce comme une personne livrée aux soins et aux honneurs de la vie publique, elle dit :

« Quand tu vois passer un pauvre oiseau, tu « envies son essor et tu regrettes les cieux. »

Puis elle s'écrie :

« Que ne puis-je t'emmener avec moi, sur « l'aile des vents inconstans, te faire respirer le « grand air des solitudes et t'apprendre le secret « des poètes et des bohémiens ! »

Elle l'a appris ce secret, et l'image qu'elle en fait la place, à mon avis, infiniment au-dessus de tous les poètes descriptifs de la France. Cependant ses descriptions, toutes délicieuses qu'elles sont quelquefois, nous enchantent peut-être moins que l'apparition soudaine de quelque pensée neuve et hardie dans les régions de la philosophie et de la métaphysique; elle jette ces pensées avec tant de légèreté et comme en se jouant, qu'il semblerait qu'elle ne fait que plaisanter quand elle paraît s'élever ainsi vers des objets si fort au-dessus de la portée ordinaire d'une femme. « Tous les trônes de la terre ne « valent pas pour moi une petite fleur au bord « d'un lac des Alpes, » dit-elle, et puis elle fait tout à coup cette étrange observation : « Une « grande question serait celle de savoir si la Pro- « vidence a plus d'amour et de respect pour notre « charpente osseuse que pour les pétales em- « baumés de ses jasmins. »

Comme de raison elle professe le républica- nisme, mais voici ce qu'elle en dit : « De toutes « les causes dont je ne me soucie pas c'est la « plus belle »; puis elle ajoute dans une ma- nière qui n'est qu'à elle : « Du moins les mots « de patrie et de liberté sont harmonieux ; tan- « dis que ceux de légitimité et d'obéissance sont « grossiers, malsonnans et faits pour des oreilles « de gendarmes. » Elle déclare que : « Aduler « une bûche couronnée, c'est renoncer à sa di- « gnité d'homme, et se faire académicien. »

Ceci n'empêche pas qu'elle ne se moque de

son ami politique parce qu'il est « le martyr des
« nobles ambitions », ajoutant : « Gouvernez-moi
« bien tous ces vilains idiots... Je vais chanter
« au soleil sur une branche pendant ce temps-
« là. »

Dans un autre endroit elle dit qu'elle n'est
bonne à rien « qu'à causer avec l'écho, à regar-
« der lever la lune et à composer des chants mé-
« lancoliques ou moqueurs pour les étudians
« poètes ou les écoliers amoureux. »

Pour vous donner une idée du talent descrip-
tif de l'auteur, je citerai un passage d'un petit
conte intitulé *Mattea*, conte charmant, on sait
à peine pourquoi. Vous y verrez comment elle
sait traiter un sujet déjà complétement usé avant
qu'elle vînt au monde. Y a-t-il en effet un tableau
moins neuf que celui d'une gondole, avec une
guitare, glissant le long des canaux de Venise.
Voyez pourtant ce qu'elle en sait faire :

« La guitare est un instrument qui n'a son
« existence véritable qu'à Venise, la ville si-
« lencieuse et sonore. Quand une gondole rase
« ce fleuve d'écume phosphorescente, où chaque
« coup de rame enfonce un éclair, tandis qu'une

« grêle de petites notes légères, nettes et folâ-
« tres, bondit et rebondit sur les cordes que
« parcourt une main invisible, on voudrait
« arrêter et saisir cette mélodie faible, mais
« distincte, qui agace l'oreille du passant et qui
« fuit le long des grandes ombres des palais,
« comme pour appeler les belles aux fenêtres
« et passer en leur disant : Ce n'est pas pour
« vous la sérénade, et vous ne savez ni d'où elle
« vient ni où elle va. »

Rousseau lui-même aurait-il pu choisir des termes plus appropriés au sujet? Ne dirait-on pas que les mots qu'elle emploie sont l'écho des sons qu'elle décrit?

La vie privée d'un auteur ne devrait jamais se mêler au jugement que l'on porte de ses ouvrages. Je ne connais guère celle de George Sand, mais si j'en dois juger d'après la seule source que le public ait le droit d'examiner, d'après ses écrits, je suis tentée de croire que son histoire est celle de tant de personnes dont l'affection n'a point été payée de retour ou qui a été malheureuse d'une façon ou d'une autre; et il est juste de citer les passages qui semblent l'indiquer, parce qu'ils sont écrits dans un esprit qui doit lui faire honneur, quelles que soient les circonstances.

Dans les *Lettres d'un Voyageur*, dont j'ai déjà parlé, l'écrivain supposé de ces lettres est clairement identifié avec George Sand par ce passage : « Meure le petit George, quand Dieu
« voudra, le monde n'en ira pas plus mal pour
« avoir ignoré sa façon de penser. Que veux-tu
« que je te dise ?... Il faut que je te parle encore
« de moi, et rien n'est plus insipide qu'une
« individualité qui n'a pas encore trouvé le
« mot de sa destinée. Je n'ai aucun intérêt à
« formuler une opinion quelconque. Quelques
« personnes qui lisent mes livres ont le tort
« de croire que ma conduite est une profession
« de foi, et le choix des sujets de mes histo-
« riettes une sorte de plaidoyer contre cer-
« taines lois; bien loin de là, je reconnais que
« ma vie est pleine de fautes, et je croirais com-
« mettre une lâcheté si je me battais les flancs
« pour trouver un système d'idées qui en au-
« torisât l'exemple. »

Après cela, il est impossible de lire, sans

être touché, les phrases sublimes qu'elle emploie en parlant d'une personne qui, après avoir lutté contre le monde, voudrait se retirer dans les profondes solitudes de la nature.

« *Les astres éternels auront toujours raison*,
« et l'homme, quelque grand qu'il soit parmi
« les hommes, sera toujours saisi d'épouvante
« quand il voudra interroger ce qui est au-
« dessus de lui. *O silence effrayant, réponse*
« *éloquente et terrible* de l'éternité ! »

Dans un autre endroit, parlant avec moins de légèreté de ton qu'elle n'en mêle d'ordinaire, dans ses charmantes lettres, aux plus graves réflexions, George Sand dit :

« J'ai mal vécu ; j'ai mal usé des biens qui me
« sont échus ; j'ai négligé les œuvres de cha-
« rité ; j'ai vécu dans la mollesse, dans l'ennui,
« dans les larmes vaines, dans les folles amours,
« dans les vains plaisirs ; je me suis prosterné
« devant des idoles de chair et de sang, et j'ai
« laissé leur souffle enivrant effacer les senti-
« mens austères que la sagesse des livres avait
« écrites sur mon front dans ma jeunesse....
« J'avais été honnête autrefois, sais-tu bien cela,

« Evrard? C'est de notoriété bourgeoise dans
« notre pays; mais il y avait peu de mérite,
« j'étais jeune, et les funestes amours n'étaient
« pas éclos dans mon sein. Ils ont étouffé bien
« des qualités; mais *je sais qu'il en est aux-*
« *quelles je n'ai pas fait la plus légère tache,*
« *au milieu des plus grands revers de ma vie,*
« *et qu'aucune des vertus n'est perdue pour moi*
« *sans retour.* »

Je pourrais continuer pendant long-temps à citer de ces pages; mais je ne saurais mieux terminer cette lettre que par le passage que je viens de transcrire. Quelle est la personne qui ne fasse des vœux pour que les grandes et belles qualités de cette femme (car elle doit posséder des unes et des autres) sortent brillantes de derrière le nuage dont la douleur et l'infortune les couvre, et que le reste de ses jours puisse s'écouler dans le tranquille développement de ses talens extraordinaires, qu'elle déploiera alors devant le public dans des ouvrages auxquels nous pourrons accorder une admiration sans mélange,

LETTRE LXIV.

Angelo, tyran de Padoue. — La parodie de cette pièce au Vaudeville. — Mademoiselle Mars. — Madame Dorval. — Épigramme.

Nous avons assisté, depuis que nous sommes à Paris, à la représentation d'une foule de jolies petites pièces pleines de gaieté, mais ce n'est qu'à notre dernière visite au Théâtre-Français que nous avons pu nous livrer à un de ces accès de gaieté impossibles à réprimer, qui, sans égard aux murmures, forcent à rire à gorge déployée. Du reste nous eûmes la consolation de voir que nous n'étions pas les seuls spectateurs sur qui la pièce fît cet effet.

Et quelle était cette pièce? je vous le donne en cent. C'était Angelo!... c'était le *Tyran de Padoue; pas doux du tout,* s'il faut en croire les plaisans du parterre. Mais je ne suis nullement d'accord sur ce verdict, car jamais tyran ne fût plus *doux* pour moi et les miens, et jamais pièce en cinq actes ne me fit autant rire depuis le commencement jusqu'à la fin.

Faut-il donc que je vous décrive sérieusement cette plaisante tragédie? sans doute qu'il le faut, car à l'exception du procès-monstre, il n'y a rien dont on ait autant parlé à Paris que de ce nouvel œuvre de M. Hugo. La cause de cette sensation n'a point été la représentation d'une pièce nouvelle de ce poète déjà fort bien connu, mais une circonstance qui m'a mise en colère et qui a excité la curiosité de tout Paris. Cette tragédie, ainsi que vous le verrez tout à l'heure, a deux héroïnes qui se suivent pas à pas dans chaque acte, sans qu'il soit possible de décider laquelle des deux y joue le premier rôle. Or on savait que mademoiselle Mars serait l'une de ces héroïnes; mais qui oserait, dans le rôle de l'autre, se placer ainsi à côté d'elle? Il était évident qu'aucune actrice des Français ne le pourrait; en conséquence, chose merveilleuse à dire, une certaine madame Dorval, bien connue comme l'héroïne de la Porte-Saint-Martin, fut enrôlée dans le corps des comédiens Français pour rompre une lance avec... mademoiselle Mars.

Cet étonnant arrangement fut annoncé, certifié, contredit, cru et nié alternativement, jusqu'à ce que le bruit en devînt général dans la ville. Vous ne trouverez plus surprenant après cela que l'apparition de ce drame ait causé une si grande sensation, ni que le désir de le voir se soit étendu cette fois au-delà du cercle des jeunes admirateurs de M. Hugo.

On m'a assuré que dès que le public fut certain que cet arrangement aurait lieu, on accourut de tous côtés pour louer des loges. L'auteur obtint la permission d'examiner la liste des noms inscrits, et avant qu'il ne l'eût fait aucune loge ne fut positivement promise. Quand le jour de la première représentation fut fixé, une réunion nombreuse d'amis et d'admirateurs de l'auteur eut lieu chez lui, et effacèrent de cette liste les noms de toutes les personnes soupçonnées d'être hostiles à lui ou à son école. Les loges restant vacantes par cette opération furent remplies de ses partisans les plus dévoués. Le résultat en fut, comme de raison, le plus brillant succès.

« L'auteur de Cromwell, dit la *Revue des deux Mondes*, a proclamé d'une voix dictatoriale la fusion de la comédie et de la tragédie dans le drame. » C'est pour cette raison que M. Hugo a rendu sa dernière tragédie si essentiellement comique. La catastrophe se faisant au moyen d'un poignard et d'une coupe de poison, la pièce est *sans contredit* une tragédie ; mais les incidens et le dialogue ayant été traités sous l'inspiration de l'esprit le plus gai, cette même pièce est *sans faute* une comédie.

M. Hugo, dans une de ses délicieuses préfaces, dit qu'il ne voudrait pas que ses spectateurs quittassent le spectacle sans emporter avec eux *quelque moralité austère et profonde*, et je vais maintenant m'occuper de vous faire voir comment il a rempli sa promesse dans cette occasion. Afin de secouer toutes les entraves passées de mode qui auraient pu gêner l'essor de son génie, M. Hugo a composé son *Angelo* en prose, c'est-à-dire dans l'espèce de prose qui plaît aux vieilles femmes : longue, mystique, bavarde et méchante. Je vais vous en citer quelques extraits, et pour m'épargner la peine de décrire le caractère des différens personnages, je m'efforcerai de choisir mes extraits de façon à ce qu'ils puissent servir à les peindre eux-mêmes. Angelo, le tyran de Padoue, s'exprime ainsi en parlant de lui-même. « Oui... je suis le podesta « que Venise met sur Padoue.... Et savez-vous « ce que c'est que Venise?... c'est le Conseil des « dix!..... Souvent la nuit je me dresse sur mon « séant, j'écoute et j'entends des pas dans mon « mur... Oui, c'est ainsi : tyran de Padoue, « esclave de Venise, je suis bien surveillé, « allez ; oh ! le Conseil des dix. »

Ce gentilhomme a une jeune, belle et très estimable épouse, qui s'appelle Catarina Bragadini. Ce rôle est joué au Théâtre-Français par madame Dorval, actrice du théâtre de la Porte-Saint-Martin. Malheureusement son mari éprouve pour elle une haine violente. En attendant, il remarque très philosophiquement qu'il était impossible qu'il en fût autrement, ce qu'il explique de la manière suivante :

ANGELO

« La haine, c'est dans notre sang.... Il faut
« toujours qu'un Malierpii haïsse quelqu'un.
« Moi, c'est cette femme que je hais... Je ne
« vaux pas mieux qu'elle, c'est possible.... Mais
« il faut qu'elle meure... c'est une nécessité...
« une résolution prise. »

Cette nécessité de haïr n'empêche pourtant pas le podesta de devenir éperdument amoureux d'une actrice ambulante, nommée *La Tisbé* (rôle joué par mademoiselle Mars). La Tisbé est en outre une femme remarquablement vertueuse, aimable et magnanime; elle écoute l'amour du tyran *pas doux*, mais tout en le haïssant aussi cordialement que lui-même hait madame sa femme, et prodiguant toute la tendresse dont elle est susceptible à un jeune voyageur qui se trouve être un prince déguisé, mais qu'auprès du tyran elle fait passer pour son frère. Vous allez voir aussi la Tisbé peinte par elle-même :

LA TISBÉ (*à Angelo*).

« Vous savez qui je suis!... rien ; une fille
« du peuple.... une comédienne.... Eh bien! si

« peu que je suis, j'ai eu une mère.... Savez-
« vous ce que c'est que d'avoir une mère ? en
« avez-vous eu une, vous?... Eh bien! j'avais
« une mère, moi. »

C'est là renchérir sur l'ancien dicton : « Celui
là est savant qui connaît son père. » Il est évident que la charmante Tisbé se pique évidemment de sa sagacité parce qu'elle est très certaine d'avoir eu une mère; mais elle n'a pas encore achevé son histoire.

« C'était une pauvre femme sans mari,
« qui chantait des chansons sur la place pu-
« blique (encore la délicate Esmeralda). Un
« jour un sénateur passa ; il regarda, il enten-
« dit (elle chantait sans doute la *ça ira* de 1549),
« et dit au capitaine qui le suivait... A la po-
« tence cette femme ! Ma mère fut saisie sur-le-
« champ.... Elle ne dit rien.... à quoi bon?
« m'embrassa avec une grosse larme, prit son
« crucifix et se laissa garotter. Je le vois
« encore ce crucifix en cuivre poli, mon nom,
« Tisbé, écrit au bas.... Mais il y avait avec le
« sénateur une jeune fille... Elle se jeta aux
« pieds du sénateur, et obtint la grâce de ma

« pauvre mère.... Quand ma mère fut déliée,
« elle prit son crucifix.... ma mère.... et le donna
« à la belle enfant, en lui disant : Madame,
« gardez ce crucifix, il vous portera bonheur. »

Figurez-vous mademoiselle Mars prononçant de pareilles absurdités!... Oh! c'était affreux! Et si je ne suis pas dans une fort grande erreur, elle admire son rôle aussi peu que moi; elle fait cependant tout ce qui dépend d'elle pour le rendre supportable, et il s'y trouve des passages où elle réussit à faire tout oublier, hormis sa personne, son accent et son jeu.

Mais poursuivons. C'est sur ce crucifix de *cuivre poli*, marqué du nom de Tisbé, que roule toute la mince intrigue de la pièce. Catarina Bragadini, l'épouse du tyran, la plus maltraitée et la plus méritante des femmes, nous est présentée dans la troisième scène de la seconde journée (c'est le nouveau style, les actes sont passés de mode). Elle se plaint à sa femme de chambre de confiance de l'absence prolongée de son amant. La soubrette, ainsi que son devoir le lui commande, l'écoute avec la sympathie la plus respectueuse, et lui dit après cela qu'une autre de ses femmes qu'elle avait demandée, est occupée à faire sa prière. Sur quoi nous avons un passage d'une naïveté impayable :

CATARINA.

« Laisse-la prier... Hélas!... moi, cela ne me « fait rien de prier! »

C'est là sans doute ce naturel qui fait, à ce que l'on dit, le principal mérite de ce nouveau style. Après ce délicieux élan de sentiment naturel, la vertueuse épouse du podesta continue sa complainte.

CATARINA.

« Il y a cinq semaines, cinq semaines éter-
« nelles, que je ne l'ai vu!.. Je suis enfermée,
« gardée, en prison... Je le voyais une heure
« de temps en temps... cette heure si étroite et
« si vite fermée, c'était le seul *soupirail* par où
« entrait un peu d'air et de soleil dans ma vie.
« Maintenant tout est mort.... O Rodolfo!....
« Dieu! nous avons passé, lui et moi, de bien
« douces heures.... Est-ce que c'est coupable,
« tout ce que je dis là de lui? Non n'est-ce
« pas? »

Or, il faut que vous sachiez que ce signor Rodolfo fait le galant auprès de ces deux dames; et quoique l'auteur ait prétendu en faire aussi un personnage estimable, il est bien certainement le plus grand misérable qu'il soit possible d'imaginer. Il n'aime que la femme et non la maîtresse d'Angelo, et quoiqu'il permette à celle-ci d'être aussi la sienne *par complaisance*, il lui parle avec une grande sincérité, dans un moment où elle paraît vouloir se livrer à un accès de tendresse.

RODOLFO.

« Prenez garde, Tisbé, ma famille est une fa-
« mille fatale. Il y a sur nous une prédiction, une
« destinée qui s'accomplit presque inévitable-
« ment de père en fils. Nous tuons qui nous aime. »

De ce passage et d'un autre que j'ai cité plus haut, il semblerait que, malgré toutes les innovations de M. Hugo, il conserve un attachement secret pour la doctrine de la fatalité sur laquelle roule le drame classique. Comment expliquer sans cela ces deux phrases mystérieuses : « Ma « famille est une famille fatale... Il y a sur nous « une destinée qui s'accomplit de père en fils. » et cette autre : « La haine, c'est dans notre sang, « il faut toujours qu'un Malipieri haïsse quel- « qu'un. »

Le seul personnage important qu'il y ait en outre dans la pièce, c'est un homme très mystérieux appelé *Homodei*, que je ne crois pas pouvoir mieux vous décrire qu'en empruntant les paroles de l'excellente parodie d'Angelo que l'on joue au Vaudeville. Un des personnages de cette parodie, dit en parlant de cet incompréhensible Homodei : « C'est le plus grand « dormeur de France et de Navarre. »

En effet il renchérit beaucoup sur les factionnaires endormis de la comédie du *Critique* : car il continue à dormir profondément pendant je ne sais combien de scènes, jusqu'à ce que tout à coup il se réveille en sursaut pour nous dire que lui aussi est éperdument amoureux de madame la podesta, mais que son amour a été rejeté et qu'en conséquence il a pris la résolution de lui faire le plus de mal qu'il pourra.

« Un sbire (dit-il, car il est sbire) qui aime « est bien petit... un sbire qui se venge est bien « grand. »

Ce sbire rejeté et si grand ne se contente pas de se venger de Catarina qui l'a dédaigné; mais poussé, je pense, par sa destinée, il met toute la compagnie sens dessus dessous.

Il commence par amener Rodolfo dans la chambre à coucher de Catarina; puis il y amène la jalouse Tisbé pour les contempler et il finit par faire en sorte que le tyran lui-même découvre l'innocente amourette de sa femme; car n'a-t-elle pas déclaré tantôt qu'elle était innocente?

Par bonheur, pendant cette inexplicable *réunion* dans la chambre de madame la podesta, la Tisbé découvre que le crucifix de sa mère, la chanteuse des rues, est en la possession de sa rivale, la Catarina; sur quoi elle se décide, non seulement à renoncer en sa faveur à toute prétention au cœur du seigneur Rodolfo, mais encore à la sauver de son jaloux mari qui a communiqué à la Tisbé, ainsi que nous l'avons vu plus haut, son intention de tuer sa femme parce que « il faut toujours qu'un Malipieri haïsse quel-« qu'un. »

Par bonheur encore il arrive que la Tisbé a, dans une précédente conversation, fait part à son amant le tyran, du fait remarquable qu'un autre de ses amans lui a jadis fait présent de deux fioles, l'une noire, l'autre blanche, celle-là contenant du poison, celle-ci un narcotique. Quand il a découvert l'innocent attachement de Catarina pour Rodolfo, il dit à la Tisbé que le temps est venu pour lui de tuer sa femme et que son intention est de lui couper la tête en secret. La Tisbé lui répond que c'est un mauvais plan et que le poison vaudrait beaucoup mieux.

ANGELO.

« Oui, le poison vaudrait mieux. Mais il fau-
« drait un poison rapide, et, *vous ne me croirez*
« *pas*, je n'en ai pas ici.

LA TISBÉ.

« J'en ai, moi.

ANGELO.

« Où?

LA TISBÉ.

« Chez moi.

ANGELO.

« Quel poison?

LA TISBÉ.

« Le poison Malespine, *vous savez*. Cette boîte « que m'a envoyée le primicier de Saint-Marc. »

Après cette satisfaisante explication, Angelo accepte son offre, et elle rentre en toute hâte chez elle; mais elle revient avec la fiole du narcotique.

L'absurdité de la scène dans laquelle Angelo et la Tisbé s'efforcent de persuader à Catarina qu'elle doit consentir à se laisser tuer, est telle qu'il faudrait la transcrire tout entière pour vous en donner une idée; mais elle est trop longue pour cela. Vous pourrez m'en croire quand je vous dis que nous n'étions pas les seules personnes dans la salle qui riions *à gorge déployée* de cette scène.

Angelo commence par demander à sa femme si elle est prête.

CATARINA.

« Prête à quoi?

ANGELO.

« A mourir.

CATARINA,

« Mourir! non, je ne suis pas prête; je ne

« suis pas prête; je ne suis pas prête *du tout;*
« monsieur !

ANGELO.

« Combien de temps vous faut-il pour vous
« préparer?

CATARINA.

« Ah! je ne sais pas; beaucoup de temps. »

Angelo lui dit qu'il lui donne une heure;
puis il la laisse seule, sur quoi elle tire un
rideau derrière lequel elle aperçoit une hache
et un billot. Elle est, comme de raison, excessivement choquée à ce spectacle. Mais son monologue n'a rien de sublime.

CATARINA (*laissant retomber le rideau*).

« Derrière moi! il est derrière moi. Ah! voyez-
« vous bien que ce n'est pas un rêve, et que
« c'est bien réel ce qui se passe ici, puisque *voilà*
« *des choses là derrière le rideau.* »

Corneille! Racine! Voltaire! c'est donc là de
la tragédie, et ces *choses-là* se jouent par le
Théâtre-Français! c'est cette tragédie que l'on
a proclamée à la face du soleil devoir faire trembler la terre sous vos pieds.

Tels sont les progrès de l'esprit humain !

Après ce monologue Rodolfo vient faire une visite à sa maîtresse Catarina, toujours dans sa chambre à coucher et cela au fond de son palais tout entouré d'espions et de sentinelles. Comment il a fait pour y parvenir, c'est ce qu'il est impossible de deviner; mais dans la parodie du Vaudeville on rend la chose beaucoup plus claire; tantôt il arrive à travers un pan de mur qui s'écroule, tantôt il sort de dessous terre comme un fantôme, tantôt encore il vient en volant suspendu à un fil de fer comme Zéphyre dans le ballet.

Les deux amans ont ensemble une longue conversation; mais Catarina ne lui dit rien de la tuerie qui doit avoir lieu, de peur que cela ne le mette dans l'embarras, quoiqu'il doive en tout cas lui être très facile à elle de s'en aller par où lui-même est venu. Elle ne lui dit pourtant rien des *choses* qui sont derrière le rideau; mais après l'avoir embrassé, elle le renvoie au comble de la joie.

A peine a-t-il disparu qu'Angelo et la Tisbé entrent, et une conversation commence entre ces trois personnages sur la manière dont la pauvre dame devra mourir, conversation que M. Victor Hugo, seul au monde, pouvait écrire. Il croit peindre la nature et il fait dire à une princesse qui demande la vie au prince son époux :

« Parlons simplement. Tenez... vous êtes in-
« fame... et puis comme vous mentez toujours,
« vous ne me croirez pas. Tenez, vraiment, je
« vous méprise; vous m'avez épousée pour mon
« argent. »

Elle adresse ensuite à la Tisbé un discours empreint de la même teinte de naturel et auquel vient se mêler de temps à autre une phrase ou une expression qu'il serait impossible, même au Vaudeville, de parodier; comme par exemple :

« Je suis toujours restée honnête... vous me
« comprenez, vous... mais je ne puis dire cela
« à mon mari. *Les hommes ne veulent jamais*
« *nous croire*, vous savez; cependant nous leur
« disons *quelquefois* des choses bien vraies. »

A la fin le tyran perd tout-à-fait patience.

ANGELO.

« C'en est trop. Catarina Bragadini, le crime

« fait veut un châtiment; la fosse ouverte veut
« un cercueil; le mari outragé veut une femme
« morte. *Tu perds toutes les paroles qui sortent*
« *de ta bouche.* (*montrant le poison*) Voulez-
« vous, Madame ? »

CATARINA.

« Non.

ANGELO.

« Non ! je reviens à ma première idée alors.
« Les épées, les épées !—Troïlo, qu'on aille me
« chercher... J'y vais. »

Or nous savons tous que sa *première idée*
n'était pas de la tuer avec une ou plusieurs
épées, mais de lui couper la tête avec une hache,
et que *les choses* étaient toutes prêtes pour
cela derrière le rideau. Mais ce *j'y vais!* fait
partie de la machine de la fable, car si le tyran
ne s'en allait pas, la Tisbé ne trouverait pas
l'occasion de faire comprendre à sa rivale
que le poison n'est pas aussi dangereux qu'elle le
pense. De sorte que quand Angelo revient, la
Tisbé lui dit que sa femme « se résigne au poi-
« son. »

Catarina avale donc la potion, tombe en léthargie et est enterrée (on a prétendu que Victor Hugo est toujours original). La Tisbé la déterre, la place soigneusement sur son lit dans sa propre maison, et tire sur elle les rideaux. Voici le moment de la grande catastrophe. L'amant des deux dames use de son privilége et entre dans l'appartement de la Tisbé, déterminé à accomplir sa destinée et à l'assassiner parce qu'elle l'aime, ainsi qu'il est écrit dans le livre de la fatalité, et aussi parce qu'elle a empoisonné cette Catarina qu'il aime. Le seigneur Rodolfo sait qu'elle a apporté la fiole, parce qu'une des femmes le lui a dit. C'est là encore un exemple de la manière ingénieuse et habile dont la fable de cette pièce est construite. Rodolfo fait connaître à l'infortunée le projet qui l'a amené et ajoute : « Vous avez un quart-« d'heure pour vous préparer à la mort, Ma-« dame. »

Ceci prouve que M. Hugo, malgré ses notions décousues, sait tout le respect qui est dû aux femmes mariées, de préférence à celles qui ne le sont pas. Quand le podesta annonce les mêmes intentions à sa femme, il dit :

« Vous avez devant vous une heure, Ma-
« dame. »

Au Vaudeville on explique autrement cette variation, quant au temps accordé à ces dames dans des circonstances semblables.

> Catherine eut une heure au moins de son mari ;
> Le temps depuis tantôt est donc bien renchéri ?

L'infortunée Tisbé, en recevant cette communication de son cher Rodolfo, s'écrie : « Ah !
« vous me tuez ! ah ! c'est la première idée qui
« vous vient. »

La conversation entre eux se prolonge pendant quelque temps encore et il lui arrive une fois de dire comme un prince qu'il est : « Men-
« tez un peu, voyons. » Après cela il l'assure qu'il ne s'est jamais soucié d'elle et répète souvent ce qu'il sait lui causer un grand *supplice* à entendre, qu'il n'a jamais aimé personne que Catarina. Pendant toute cette scène, elle ne cesse pourtant de lui réitérer ses protesta-

tions passionnées d'amour, et le dialogue finit par un coup de poignard que Rodolfo lui donne dans le cœnr.

Je n'ai jamais rien vu sur le théâtre d'aussi parfaitement dégoûtant que cette scène. Je suis bien certaine que mademoiselle Mars se sent tout-à-fait accablée par le rôle qu'elle y joue. Il me semblait voir les pénibles efforts d'un beau cheval de course que l'on oblige à faire plus qu'il ne peut; harassé, mais fidèle jusqu'au dernier moment à sa noble nature. Du reste la perfection même du jeu de mademoiselle Mars rendait la chose pire. Entendre cet organe enchanteur exprimer l'amour le plus passionné, tandis que le brigand à qui elle s'adresse devient plus altéré de sang à mesure qu'elle se montre plus tendre, produit un effet à la fois si horrible et si absurde que l'on ne sait s'il faut s'en fâcher ou en rire. Mais ce qu'il y avait de plus affreux, c'était de voir mademoiselle Mars faisant tous ses efforts pour faire pleurer le public et n'obtenir pour récompense de sa peine... qu'un sourire!

Après que Tisbé est poignardée, Catarina,

comme de raison, revient à la vie, et la farce se termine par un couplet de la mourante Tisbé qui dit aux deux amans qu'elle a commandé pour eux des chevaux de poste, et elle finit en disant tendrement :

« Elle est déliée. (Comment?) Morte pour le « podesta, vivante pour toi. Trouves-tu cela « bien arrangé ainsi? »

Alors Rodolfo dit à Catarina.

« Par qui as-tu été sauvée? »

LA TISBÉ (*répondant*).

« Par moi, pour toi. »

M. Hugo, dans une note à la fin de sa pièce, s'excuse de ne l'avoir pas terminée par ces mots : *Par moi, pour toi*, qu'il regarde comme particulièrement forts. Toutefois, par quelque motif qu'il n'explique pas fort clairement, il lui fait ajouter :

« Madame, permettez-moi de lui dire encore « une fois : mon Rodolfo, adieu, mon Rodolfo... « partez vite à présent. Je meurs. Vivez. Je te « bénis. »

Malgré les passages que j'ai transcrits, il est impossible que vous vous fassiez une idée du style lâche, faible et faux, dans lequel cette pièce est écrite. Il semblerait vraiment que l'auteur ait voulu voir jusqu'où il pourrait descendre avant que les jeunes gens et les grisettes qui composent son public, s'aperçussent qu'il se moque d'eux. Une particularité de la pièce, c'est qu'après la scène où le héros Angelo dit à Tisbé de donner le poison à madame son épouse, il ne paraît plus et il n'est plus même question de lui. Voici ce que le Vaudeville lui fait dire à ce sujet. Arrivant quand tout est fini, il s'écrie :

> Je veux en être, moi... l'on ne va pas peut-être
> Finir un mélodrame en l'absence du traître!
> Suis-je donc un hors-d'œuvre, un inutile article,
> Une cinquième roue ajoutée au tricycle?

Dans la préface de cet œuvre immortel, on lit le passage suivant :

« Dans l'état où sont aujourd'hui toutes ces
« questions profondes qui touchent aux racines
« mêmes de la société, il semblait à l'auteur de
« ce drame qu'il pouvait y avoir utilité et gran-

« deur (*utilité et grandeur!*) à développer sur
« le théâtre quelque chose de pareil à l'idée que
« voici. »

Puis vient ce qu'il appelle son idée, mais il faut lire cette préface depuis le commencement jusqu'à la fin, si vous voulez savoir quelles absurdités peuvent être déclarées belles par la portion la plus bruyante d'une population, à l'aide d'impudence et de mystification.

Il faut pourtant que je cite encore un passage de cette précieuse préface, car il est à craindre que l'ouvrage ne tombe pas dans vos mains.

« Le drame, comme l'auteur de cet ouvrage
« le voudrait faire, doit donner à la foule une
« philosophie, aux idées une formule, à la
« poésie des muscles, du sang et de la vie, à
« ceux qui pensent une explication désintéres-
« sée, aux ames altérées un breuvage, aux
« plaies secrètes un baume, à chacun un con-
« seil, à tous une loi !!!! »

Il termine ainsi :

« Au siècle où nous vivons, l'horizon de l'art
« est bien élargi. Autrefois le poète disait : le
« public, aujourd'hui le poète dit : le peuple. »

Est-il possible de se figurer une affectation de sublimité et une sottise véritable, l'une et l'autre poussées plus loin ? Ne croyons pourtant pas que la capitale de la France soit précisément dans la position que cet auteur décrit. Ne prenons pas pour paroles d'évangile ce qu'il nous dit de l'enthousiasme de cette *foule sympathique et éclairée*, qui, à en croire la préface d'*Angelo*, vient tous les soirs l'honorer au Théâtre-Français. Cette prétendue foule se compose exclusivement de sa propre *clique*, assez peu nombreuse. Les hommes faits de la France ne sympathisent point avec Victor Hugo. Il s'est créé, à la vérité, une réputation littéraire, mais qui n'est pas littérairement bonne ; et en cherchant à connaître l'état actuel de la littérature en France, nous serions dans une grande erreur si nous croyions que Victor Hugo soit un écrivain admiré du public.

Je ne voudrais montrer pour qui que ce soit une sévérité injuste. Mais examinons la carrière de M. Hugo : en entrant dans le monde il déploya un talent remarquable; il écrivit quelques pièces de vers pleines de bons sentimens moraux et d'un goût littéraire très pur. Nous avons le droit de dire d'après cela que si M. Hugo a tourné ses talens contre ses semblables, ce n'est point par ignorance, ce n'est point par un simple acte de folie, mais par calcul ; car est-il possible de croire qu'un homme qui une fois a fait voir dans ses écrits des sentimens moraux et un goût pur, puisse exposer plus tard aux regards du public des pièces telles que *Lucrèce Borgia, le Roi s'amuse, Angelo* et les autres, en s'imaginant, de bonne foi comme il le dit, qu'il remplit *une tâche sainte!* Cela est-il possible?... Et si cela ne l'est pas, que s'ensuit-il? si ce n'est que l'auteur s'est fait une spéculation de corrompre l'esprit et le cœur des hommes. Il a découvert que la jeunesse surtout est avide d'excitation de toute espèce ; il sait que les hommes vont par amusement voir pendre et guillotiner leurs semblables, et c'est sur cette connaissance qu'il a spéculé.

En attendant, la question regardant exclusivement la France, nous ne l'avons pas jusqu'à présent traitée d'une façon équitable. Je suis convaincue que si nous n'avions pas de censure, et si en conséquence des drames du genre de ceux de MM. Dumas et Victor Hugo se jouaient en Angleterre, ils attireraient pour le moins autant de spectateurs qu'ils le font ici. Leur absurdité même, l'horreur, que dis-je? le dégoût qu'ils inspirent, suffirait pour produire cet effet; mais il ne serait pas sage d'en conclure que de pareilles sottises seraient devenues le goût dominant du peuple.

Que la spéculation, comme telle, ait réussi, ne me paraît pas douteux. On a beaucoup parlé de cette pièce; une foule de personnes ont été la voir, moins encore à cause de sa valeur intrinsèque, que pour assister au spectacle de mademoiselle Mars luttant contre une actrice de la Porte-Saint-Martin. Quant à madame Dorval, je pense qu'elle devait faire beaucoup d'effet dans le mélodrame, et sur son propre théâtre; mais quelque flatteur que cela ait pu être pour sa vanité, je ne crois pas que sa réputation aura gagné à la dangereuse concurrence à laquelle elle s'est exposée. Comme actrice elle est, selon moi, à mademoiselle Mars ce que Victor Hugo est à Racine, et peut-être entendrons-nous dire qu'elle aussi a fait trembler la terre sous les pieds de sa rivale.

Parmi les diverses anecdotes que l'on répand au sujet de cette nouvelle pièce et de son auteur, j'en rapporterai une que j'ai entendue raconter à une personne qui pendant long-temps a vécu dans l'intimité de M. Hugo. Cette personne crut ne pouvoir se dispenser d'aller voir la tragédie d'*Angelo,* et presque en sortant du spectacle elle rencontra son ami. Il fallait de la présence d'esprit afin de brusquer la situation par un *coup de main.* Que fit en cette occasion l'ami de l'auteur : il ne prononça pas une parole, mais courant à lui, il l'embrassa avec effusion et le tint pendant long-temps, en silence, serré dans ses bras.

On m'a cité aussi un quatrain fort plaisant; mais il est plus ancien qu'*Angelo.* C'est apparemment une des tragédies en vers de M. Hugo qui y a donné lieu, peut-être *le Roi s'amuse;* car l'harmonie de quelques-uns des vers de cette pièce y est admirablement bien imitée.

Où, ô Hugo, hûcheras-t-on ton nom ?
Justice encor faite que ne t'a-t-on ?
Quand donc au corps qu'académique on nomme,
Grimperas-tu de roc en roc, rare homme ?

Et maintenant je vais prendre congé de Victor Hugo. Je vous promets de ne plus vous parler de lui; mais l'importance que l'on a attachée à son nom en Angleterre m'a engagée à vous faire connaître d'une façon raisonnée ce que l'on pense de lui en France.

Rare homme!

LETTRE LXV.

La chaleur du temps. — Le boulevard Tortoni. — L'Orage. — La Madeleine. — Mistress Butler et son ouvrage sur l'Amérique.

―――

Tout le monde s'est plaint de l'effroyable chaleur du temps. Le thermomètre s'élève à.... je ne sais combien de degrés, car leur échelle n'est pas la mienne ; ce que je sais pourtant fort bien, c'est que le soleil a brillé sans miséricorde pendant toute la semaine qui vient de s'écouler, et que chacun déclare positivement qu'il est grillé. Or, de toutes les villes du monde, celle où il vaut mieux être grillé, c'est Paris. Je viens de lire le charmant conte de George Sand, intitulé *Lavinia,* qui roule sur rien du tout, et j'ai choisi pour cabinet d'étude l'ombre la plus épaisse du jardin des Tuileries. Si nous avions seulement pu y rester toute la journée, nous n'aurions éprouvé aucun inconvénient de la chaleur du soleil. Nous l'aurions vu au contraire caressant alternativement toutes les fleurs, et essayant en vain de faire pénétrer un de ses rayons dans le délicieux bosquet où nous nous étions placés. Mais nous avions des personnes à voir, des engagemens à tenir, de sorte que nous fûmes obligés de rentrer chez nous, afin de nous préparer à assister à une grande réunion dans la soirée.

Le boulevart que nous suivions pour retourner à la maison était plus joli que jamais. Des pyramides de fleurs délicieuses s'élevaient de tous côtés et tentaient les amateurs, tandis que les bouquetières vous offraient pour cinq sous une rose avec son bouton, deux touffes de réséda et une branche de myrte arrangées avec tant d'élegance que ce petit bouquet en vaut dix faits avec moins de goût. Je n'avais jamais vu tant de personnes assises sur le boulevart le matin ; il semblait qu'on se reposait par nécessité, ou par l'impossibilité d'aller plus loin. Comme nous passions devant le café Tortoni, nous fûmes fort divertis par la vue d'un groupe composé d'une très jolie femme et d'un très joli homme, assis à côté l'un de l'autre et se livrant à une conversation en apparence fort animée; le troisième personnage du groupe était un petit savoyard, qui sans doute avait commencé par demander la charité et qui avait fini par demeurer comme fasciné, les yeux fixés sur le joli couple, étudiant peut-être une scène pour la gaie science, dont, à en juger par la mandoline qu'il tenait, il devait être un des disciples. Nous nous amusâmes également de l'opiniâtreté avec laquelle le petit ménestrel regardait et de la parfaite indifférence que témoignaient les objets de son admiration. A quelques pas plus loin nos regards furent de nouveau attirés par un élégant qui tenait son chapeau à la main et qui peignait tranquillement les noires boucles de ses cheveux, tout en se promenant. Dans tout autre, il aurait sans doute lui-même condamné cet excès de *laisser-aller;* mais en lui il ne servait qu'à relever la beauté de son front et la grâce qui régnait dans tous ses mouvemens. Je fus charmée qu'il n'eût pas à ses pieds quelque fontaine ou quelque lac limpide; car il eût infailliblement partagé le sort de Narcisse.

Nous avions l'intention de faire hier au soir une visite d'adieu au théâtre Feydeau, je devrais dire l'Opéra-Comique. Heureusement pourtant nous n'avions pas pris de loge d'avance, ce qui nous permit de jouir du privilége de changer d'avis, privilége inappréciable par la chaleur qu'il fait. D'après cela, au lieu d'aller au spectacle, nous restâmes chez nous, jusqu'à ce que la nuit amenât la fraîcheur, ou du moins une sorte de fraîcheur, car le temps était toujours extrêmement lourd, et nous sortîmes alors pour aller prendre des glaces chez Tortoni. Tout Paris semblait s'être donné rendez-vous sur le boulevart pour respirer. C'était comme une brillante soirée au Vauxhall; des centaines de chaises paraissaient être sorties de dessous terre, chaque côté de la promenade étant occupé par un double rang de personnes.

Les Françaises sont si charmantes dans leur costume de promenade du soir, que j'aime mieux les voir ainsi qu'en grande toilette. Un salon tout rempli de femmes en toilette de bal est un spectacle qui n'a rien d'extraordinaire pour des yeux anglais; mais la vérité m'oblige d'avouer que ce serait en vain que dans une promenade à Londres on chercherait rien qui ressemblât au spectacle qu'offrait hier au soir le boulevart des Italiens. C'est la chose la plus étrange du monde que cela soit ainsi, car il est certain que ni les chapeaux ni les jolis visages qu'ils couvrent ne le cèdent en Angleterre à ceux de la France; mais les Françaises ont plus que nous l'habitude et le talent de paraître élégamment mises sans être parées. Il est impossible d'entrer dans des détails pour vous expliquer ceci; il faudrait être, pour cela, couturière ou marchande de modes, et encore je crois que la plus habile ouvrière n'y parviendrait pas facilement. Quant à moi, je ne puis qu'affirmer que l'effet général d'une promenade du soir à Paris, est plus élégant qu'il ne l'est à Londres.

Nous fûmes assez heureux pour remplacer une société nombreuse qui quittait une des fenêtres des salons du premier chez Tortoni, comme nous y entrions, et là encore on trouve une scène tout aussi anti-anglaise que celle d'un restaurant au Palais-Royal. Tous les salons, tant du premier que du rez-de-chaussée, étaient remplis d'une brillante société, chaque groupe assis autour d'une petite table de marbre. Les garçons entrant perpétuellement chargés de pyramides de glaces de différentes couleurs, de carafes d'une eau glacée qui ne fond qu'à mesure qu'on en a besoin, et de jolies corbeilles de gauffres; le brillant éclairage du café, le bourdonnement de la foule sur le boulevart, la délicieuse fraîcheur des sorbets, et la gaieté qui règne partout dans ces momens de douce oisiveté, sont aussi français et, par la même raison, aussi peu anglais que possible.

Comme nous restions assis à notre fenêtre, nous amusant également des objets extérieurs et intérieurs, nous fûmes surpris par quelques brillans éclairs qui sortaient d'un nuage épais, dont la couleur noire était du plus mauvais augure, mais que j'admirais depuis quelque temps à cause du magnifique contraste qu'il offrait avec l'éclat des lumières qui éclairaient le boulevart; la pluie ne tombait pas encore, et je proposai en conséquence à ma société une promenade du côté de la Madeleine, jugeant que dans une pareille nuit ce monument devait offrir quelques beaux effets de lumière et d'ombre. Ma proposition fut agréée sur-le-champ et nous eûmes bientôt laissé la foule et le gaz bien loin derrière nous. Nous allâmes jusqu'à l'extrémité de la rue Royale, du côté de la place Louis XVI, puis nous nous retournâmes pour approcher lentement et graduellement de l'église. L'effet surpassa infiniment toutes mes prévisions. Il y avait peu de jours seulement que la lune avait commencé à décroître, et, quoique cachée par les sombres nuages qui se rassemblaient de tous les coins du ciel, elle donnait assez de lumière pour que nous pussions discerner faiblement, mais distinctement, les vastes et belles proportions du superbe portique. On eût dit le pâle spectre d'un temple grec. D'un commun accord nous nous arrêtâmes tous au point d'où il se voyait le plus parfaitement, et je puis vous assurer qu'avec l'épaisse et sombre masse de nuages noirs dont il était surmonté et sur laquelle il paraissait s'appuyer par derrière; avec la faible lumière de l'inconstante lune, réfléchie par les colonnes, c'est le plus bel objet d'art que j'aie jamais contemplé.

Nous eûmes de la peine à le quitter, car nous étions bien sûrs que nous ne serions jamais assez heureux pour le revoir dans une si grande perfection. Cependant comme nous restions, l'orage approchait rapidement de nous et le tonnerre y joignait son roulement lointain qui ajoutait à l'effet du spectacle; et pourtant nous ne pouvions nous décider à partir. Nous fûmes récompensés de notre courage; car nous vîmes tout à coup le vaste édifice éclairé tout entier par un trait de lumière qui ne dura qu'un instant, et lorsqu'il fut passé je me crus pour un moment aveuglée par son éclat. Cependant cet éclair fut suivi d'un second et puis d'un troisième. Le spectacle était magnifique, mais le danger d'être percés jusqu'aux os devenait de moment en moment plus imminent, et nous fîmes enfin notre retraite par le boulevart. Sortant des ténèbres du boulevart de la Madelaine, pour nous plonger dans l'éclat dont brillait celui des Italiens, il nous sembla passer dans une autre atmosphère et dans un autre monde. Il n'avait pas encore tombé de pluie, et la foule, plus grande que jamais, demeurait assise tranquillement sous les arbres des contre-allées, sans avoir l'air de se douter du danger qui la menaçait. Telle est la force de l'exemple, qu'avant d'arriver à l'extrémité de la promenade, nous y fûmes aussi indifférens qu'elle, et nous nous retournâmes comme les autres pour la remonter; mais nous ne tardâmes pas à être punis de notre imprudence : le sombre dais qui s'étendait sur nos têtes s'entr'ouvrit, et nous inonda de l'averse la plus terrible qui ait jamais fait voler les plumes et les fleurs, les rubans et les gazes, vers tous les points de la rose des vents, pour y chercher un abri.

J'ai souvent éprouvé de la surprise de la promptitude avec laquelle la salle de spectacle la plus pleine se débarrasse de son public; mais celle que la foule mit à disparaître du boulevart fut bien plus grande encore. Dieu seul sait ce que devint tout ce monde; mais on eût dit qu'il s'était fondu et dissous dans l'eau qui tombait du ciel. Nous nous réfugiâmes dans le passage de l'Opéra, et au bout de quelques minutes la pluie cessa, et nous rentrâmes sains et saufs chez nous.

Dans le cours de notre promenade, nous avions rencontré un Anglais de nos amis qui rentra à la maison avec nous, et quoiqu'il fût onze heures du soir, il ne parut ni choqué ni surpris de m'entendre demander du thé, et consentit à rester pour le prendre avec nous. La conversation roula sur un livre que tout le monde, ou du moins tout le monde en Angleterre attendait depuis long-temps avec impatience, et qu'il avait reçu deux jours auparavant. Il venait d'en achever la lecture et ne pouvait parler d'autre chose. Ce livre était le journal de mistress Butler. Heureusement la guerre n'éclata point à notre thé, car nous fûmes tous parfaitement d'accord au sujet de cet ouvrage, tandis que d'après ce que notre ami nous a dit, il a donné lieu en Angleterre à des disputes très vives. J'avoue que j'ai appris ces détails avec surprise : car il me semble que tout ce que l'on peut dire contre ce livre saute tellement aux yeux qu'il doit être également visible à tout le monde, et qu'il est impossible de ne pas s'en apercevoir; mais ces défauts évidens une fois reconnus, et il est inévitable qu'ils le soient, j'aurais pensé qu'aucune différence d'opinion ne pouvait plus exister; j'aurais pensé, dis-je, que le génie de l'auteur devait remporter une facile victoire et effacer dans l'esprit des lecteurs jusqu'au souvenir de ses défauts.

Il est possible, à la vérité, que ma connaissance parfaite des scènes qu'elle décrit ait donné pour moi à ses esquisses si animées un charme et un prix qu'elles ne peuvent avoir pour les personnes qui n'en connaissent pas la vérité; mais ce mérite n'est pas le seul qu'elles possèdent. L'ardente sensibilité, l'entraînante éloquence, la ferveur poétique, avec lesquelles elle décrit tout ce qui est réellement beau, et loue tout ce qui est bon, ne pourront manquer de toucher tous les cœurs et de donner à toutes les imaginations la force nécessaire pour apprécier le talent qui brille dans ses descriptions, quand même on en serait pas ne état de juger de leur exactitude.

J'ai été du nombre des personnes qui ont vivement déploré la perte que la scène tragique anglaise a soufferte par la retraite de cette actrice; mais son ouvrage démontre, selon moi, qu'elle possède un talent si extraordinaire pour écrire que je ne puis m'empêcher de me flatter qu'en définitive nous aurons plus gagné que perdu par son abandon d'une profession trop fatigante, et qui exige le sacrifice d'un temps trop considérable pour qu'elle eût pu, en y restant attachée, se livrer, comme sans doute elle a l'intention de le faire, à la culture des lettres. Il y a dans son journal, écrit et publié trop à la hâte, quelques passages qui montrent évidemment que son esprit travaillait et se livrait à la composition. Elle paraît juger si sévèrement sa personne et ses efforts, que lorsqu'en parlant des scènes d'une tragédie encore inédite, elle dit : « Elles ne sont pas mal, » je suis très persuadée que ces scènes sont admirables. Puis elle dit encore : « J'ai recommencé à écrire un mot.... » J'aurais voulu qu'elle l'eût achevé aussi bien que commencé. En attendant, comme je ne crois pas qu'il soit possible qu'un esprit tel que le sien demeure inactif, je me console par la pensée que nous ne tarderons pas à recevoir de nouveau quelques marques de ses souvenirs anglais qu'elle nous fera parvenir de par delà l'océan atlantique. On ne saurait douter que son prochain ouvrage ne soit plus exempt de fautes que le premier ; car celles que renferme celui-ci sont précisément de ces fautes qui doivent nécessairement se trouver dans le journal d'une jeune voyageuse étourdie qui, ayant attrapé en passant une multitude de phrases fort malsonnantes, les reproduit en plaisantant, et est assez imprudente pour ne pas réfléchir qu'elle court le risque de se les voir attribuer comme faisant partie de son style à elle. Mais nous n'avons qu'à lire les passages où nous sommes sûrs qu'elle ne plaisante point, ces passages où la poésie, la sensibilité, la bonté, la piété, éclatent dans chaque ligne, pour savoir de quel langage elle se sert quand elle parle sérieusement. Alors la vigueur de son style s'élève à la hauteur des pensées qu'elle veut exprimer, et je ne saurais en faire un plus grand éloge.

LETTRE LXVI.

Réunion agréable. — Discussion entre un Anglais et un Français. — Singularités nationales.

Je vous ai dit hier que nonobstant l'effroyable chaleur du temps, nous devions aller le soir à une grande réunion. Nous eûmes le courage de tenir notre engagement, quoique je puisse vous assurer que je ne me mis en route qu'en tremblant. Mais notre surprise égala notre satisfaction en trouvant les salons de mistress M**** d'une fraîcheur délicieuse. Son appartement de réception se compose de trois pièces. La première était remplie et décorée de toutes les façons possibles par une profusion des plus belles fleurs, entremêlées d'un si grand nombre de bocaux de verre remplis de poissons rouges, que la seule évaporation contribua, j'en suis sûre, à rafraîchir considérablement l'air. Cette pièce était éclairée par une grande lampe suspendue au plafond et renfermée dans une sorte de globe de gaze, assez épais pour adoucir le trop grand éclat de la flamme, sans pour cela rien ôter à l'effet magique que produisent toujours les fleurs vues à la lumière des lampes. Les larges croisées étaient ouvertes derrière de légers rideaux de mousseline, et l'effet que produisaient dans cette pièce la fraîcheur de son atmosphère, le délicieux parfum des fleurs, et la lumière adoucie qui l'éclairait, fut si enchanteur que ce ne fut pas sans difficulté que nous prîmes la résolution de la quitter pour faire notre compliment à la maîtresse de la maison, qui se tenait dans un salon plus grand mais bien moins agréable.

Il y avait dans le nombre des personnes présentes plusieurs Français, mais la majorité de la société se composait d'Anglais. Après avoir un peu regardé autour de nous, nous retournâmes auprès des poissons et des myrtes, et comme il y avait dans un autre salon un fort bel homme qui chantait des airs bouffes, entouré d'une vingtaine de fort belles femmes qui le regardaient et l'écoutaient, la foule s'y rassembla, et nous eûmes l'extrême félicité de trouver de la fraîcheur et un sofa *à notre disposition*, et de plus la satisfaction de pouvoir accepter ou refuser des glaces toutes les fois que les plateaux passaient devant nous. Vous pouvez croire que nous ne restâmes pas longtemps sans compagnons dans une position si désirable, et, en effet, nous ne tardâmes pas à nous trouver au milieu d'un petit comité de personnes on ne saurait plus aimables, et nous restâmes là jusqu'à minuit passé, jouissant d'un plaisir que l'on rencontre fort rarement au sein d'une nombreuse société.

Et de quoi parlâmes-nous? Je crois qu'il serait plus nécessaire d'énumérer les sujets dont nous ne parlâmes pas. Chacun semblait croire qu'il serait trop fatigant de pousser loin l'examen d'une seule question, de sorte que semblables à de petits caniches bien gâtés, nous nous amusâmes à poursuivre tour à tour chaque pièce de gibier que nous dépistions, sans songer à en prendre aucune. Des sept personnes dont ce cercle se composait six étaient anglaises, la septième seule, je ne veux pas la nommer, était un jeune Français aussi spirituel qu'aimable.

Nous avions aboyé un peu et mordu en passant les divers individus qui allaient et venaient devant nous, et ce jeune homme se figura d'après cela qu'il pourrait être *de trop* dans notre coterie.

« Ne vous sentez-vous pas gênés, dit-il, de ce que je suis là pour entendre tout ce que vous et les vôtres, vous sentez disposés à dire de nous !... Serai-je assez aimable ponr me retirer? »

Sa motion fut rejetée à l'unanimité; mais un d'entre nous proposa un amendement.

— « Convenons entre nous, dit-il, que nous parlerons de la France et des Français avec aussi peu de réserve que si vous étiez en ce moment au haut des tours Notre-Dame; et vous qui avez passé trois mois en Angleterre, promettez de votre côté de nous traiter avec la même franchise. Je suis curieux de savoir ce que nous trouverons à dire les uns des autres. Il fait beaucoup trop chaud pour que le patriotisme puisse rendre notre dispute trop animée. »

« J'accepterais sur-le-champ votre proposition, répondit le Français, si la partie n'était pas si inégale; mais vous êtes six contre un!... Cela n'est-il pas trop fort? »

— « Non pas le moins du monde si nous le prenons sur le ton de la plaisanterie; car chacun sait que quand il s'agit de railler, un Français vaut six Anglais. »

« *Eh bien!* dit en soupirant le complaisant Français, je ferai de mon mieux... Commencez, mesdames, s'il vous plaît? »

« Non, non, non! s'écrièrent tout d'une haleine plusieurs voix de femmes, nous ne voulons point en être. Combattez entre vous. Nous serons les juges du camp, et nous décernerons la couronne à celui qui frappera le plus fort. »

« Cela va de mal en pis, s'écria l'ennemi en riant; si c'est là l'arrangement du champ clos, le jugement me sera certainement contraire... Comment pouvez-vous espérer de ma part une confiance si aveugle? »

Nous protestâmes contre ce soupçon de l'équité de nos arrêts, nous promîmes une impartialité à toute épreuve, et nous priâmes le champion d'entrer en lice.

« C'est donc moi, dit l'Anglais, qui vais jouer le rôle de Saint-George... Que Dieu protége le bon droit! »

« Je suis Saint-Denis, répondit le Français en posant sa main droite sur son cœur, et en fendant gracieusement l'air de sa main gauche. Mon bras... non...

>Ma *langue* à ma patrie,
>Mon cœur à mon amie,
>Mourir gaîment pour la gloire et l'amour,
>C'est le refrain d'un vaillant troubadour.

Allons!..... maintenant, apprenez-moi, Saint-George, ce que vous avez à alléguer en faveur de la coutume qui veut que les dames,... les dames de la Grande-Bretagne.... les plus aimables dames du monde... *n'est-ce pas?* quittent la table et sortent de la salle à manger, et abandonnent les hommes... seules... les yeux baissés et d'un pas timide,... sans qu'un seul preux chevalier se présente pour leur offrir sa protection, ou pour leur tenir compagnie pendant le triste voyage qu'elles vont faire pour se rendre au lieu de leur exil. Je puis vous protester que j'ai souffert le martyre quand pour mes péchés je me suis trouvé un jour présent à une pareille scène. *Croyez-moi*, j'aurais volontiers consenti à sortir de la salle *à quatre pattes* si j'avais seulement pu obtenir la permission de les suivre. Oh! vous ne savez pas ce qu'un Français souffre quand il est forcé d'être témoin d'un semblable spectacle!... Hélas! il me semblait que j'étais déshonoré pour la vie. Mais j'étais retenu comme par un charme. J'avais promis; l'ami qui m'avait accompagné m'avait prévenu d'avance de ce que j'aurais à supporter... et je l'ai supporté... mais je ne me suis pas encore pardonné à moi-même d'avoir pris part à un tel acte de barbarie. »

« Ces messieurs ne sont restés que pour boire à la santé des dames, dit notre Saint-George avec un grand sang-froid, et je ne doute pas que si elles parlaient sincèrement, elles nous diraient qu'elles étaient enchantées de se débarrasser de vous tous pendant une demi-heure. Vous ne pouvez vous figurer, mon ami, combien ce moment de répit a d'agrément pour elles. Elles prennent le café, répandent de l'essence de rose sur leurs éventails, aiguisent leur esprit, préparent leurs sourires, et sont prêtes après cela à entreprendre une nouvelle campagne avec la certitude d'y remporter de nouvelles victoires. Mais que dira Saint-Denis pour défendre le Français qui fait l'amour à trois femmes à la fois, comme je vous déclare positivement que je vous l'ai vu faire l'autre soir à l'Opéra? »

— « Vous n'avez rien compris du tout à cette affaire, *mon cher*. Je n'ai point fait l'amour. J'ai seulement rendu un culte. Nous sommes tenus d'adorer tout le sexe, et tous les *petits soins* rendus en public, ne sont que la cérémonie extérieure de cette religion nationale. Sachez, *mon ami*, que nous ne faisons jamais l'amour en public, *ce n'est pas dans nos mœurs*. Mais veuillez m'expliquer *un peu*, pourquoi les Anglais ont adopté la coutume très extraordinaire de conduire leurs femmes au marché, ayant au cou cette *vilaine corde*, dont il est si affreux de parler, et de les y vendre pour la *mesquine somme de trois francs?...* Ah! soyez bien sûr que si un seul Français venait à passer dans Smithfield, pendant de pareilles transactions, il achèterait sur-le-champ toutes ces femmes pour les rendre à la liberté. »

Saint-George se mit à rire, mais répondit néanmoins très gravement que cette coutume était fort utile, puisqu'elle mettait un Anglais à même de se débarrasser de sa femme du moment où il trouvait qu'elle ne valait plus rien.

« Mais me direz-vous, continua-t-il, comment il se fait que vous soyez assez inhumains pour prendre vos innocentes filles et sœurs, et les vendre au dernier enchérisseur comme si elles étaient des esclaves nées sur vos domaines, et sans demander à ces charmantes petites créatures ce qu'elles pensent de cette affaire? »

« Nous sommes trop soigneux de nos filles et de nos sœurs, répondit le champion de la France, pour ne pas leur assurer une alliance convenable et un protecteur légitime, avant qu'elles ne courent le risque de faire pour elles-mêmes un choix peu prudent. Puisque nous sommes sur ce sujet, je voudrais bien savoir, monsieur, ce qui a pu mettre dans la tête de parens anglais d'expédier des cargaisons entières de *jeunes demoiselles, toutes si belles*, à l'autre extrémité du globe ? »

Notre chevalier garda un moment le silence avant de répondre ; et je crois que nous tremblions tous pour lui ; mais à la fin il dit d'une voix sentencieuse:

—« Quand les nations étendent leurs conquêtes jusqu'à l'autre extrémité du globe, et qu'elles y envoient des généraux et des juges pour commander et rendre la justice dans ces conquêtes, il est juste que leurs belles compatriotes aient leur part des honneurs et des avantages dont ils jouissent. Mais auriez-vous la bonté de m'expliquer pourquoi les vénérables grand'mères en France croient nécessaire de figurer dans une contredanse ou même dans une valse aussi long-temps qu'elles se croient assez de force pour ne pas tomber sur le nez? »

« *Vive le plaisir!* est la première leçon que

nous apprenons dans le berceau, répondit le Français; et que le ciel nous préserve de vivre assez long-temps pour jamais l'oublier! Mais si la question n'est pas trop indiscrète, je vous demanderai, très glorieux Saint-George, dans quelle école de philosophie les Anglais ont appris à regarder le paiement d'une somme d'argent par l'amant de leur femme, comme satisfaction pour leur honneur outragé? »

«Très puissant Saint-Denis, répondit le chevalier de l'Angleterre, je vous recommande particulièrement de n'entamer aucun sujet qui se rapporte à l'état du mariage tel qu'il existe en Angleterre, car je crois que vous auriez besoin, pour le bien comprendre, de plus de temps que vous ne pourriez en ce moment y consacrer. Il vous sera probablement plus facile de m'apprendre comment il se fait qu'un peuple aussi enjoué que le peuple français, et qui, d'après ce que vous me dites, apprend au berceau à crier : Vive le plaisir! a pu laisser s'introduire chez lui l'étrange coutume, devenue depuis peu si générale, d'inviter sa maîtresse ou son ami à un aimable tête-à-tête, en présence d'un fourneau de charbon, avec les portes, les fenêtres et jusqu'aux moindres issues de l'appartement hermétiquement fermées, afin de rendre tout-à-fait impossible que l'un ou l'autre réchappe?»

« C'est, dit le Français, le résultat de notre liaison intime avec l'Angleterre, où, pendant le mois de novembre, la moitié de la population n'a autre chose à faire qu'à dépendre l'autre moitié qui s'est pendue. Le système du charbon allumé n'est autre chose que le perfectionnement de la méthode adoptée chez vous, et je crois qu'à tout prendre notre manière est préférable à la vôtre. Mais oserais-je vous demander sous quel règne a été faite la loi qui permet à tout Anglais de battre sa femme avec un bâton, pourvu que ce bâton ne soit pas plus gros que son pouce; et je vous prierai de me dire aussi si la loi a prévu le cas où le pouce de cet homme aurait acquis le double de grosseur par l'effet de la goutte?»

« Il a été décidé par un jury de médecins, dit notre habile avocat, que dans tous lesdits cas de goutte, la diminution des forces est exactement proportionnée à l'augmentation de grosseur du pouce modèle; et c'est pour cela que nos chambres n'ont pas jugé nécessaire de faire une loi spéciale pour ce cas. Quant à la loi par elle même, il n'y a pas une femme en Angleterre qui ne vous dise qu'elle est aussi innocente que respectable? »

« Les femmes d'Angleterre sont donc des anges, s'écria le champion de la France en sautant sur sa chaise et en joignant les mains avec véhémence; oui, des anges, ajouta-t-il en regardant autour de lui; sans quoi il leur serait impossible de sourire comme vous le faites en ce moment, pendant que l'on discute en leur présence une si horrible tyrannie. »

Ce que Saint-Denis appelait poliment un sourire était un rire des mieux conditionnés qui semblait réellement l'embarrasser, car il ne savait comment l'expliquer.

« Je vais vous dire, continua-t-il en se rasseyant, ce que vous me rappelez en ce moment. Avez-vous jamais vu ou lu *le Médecin malgré lui?* »

Nous répondîmes affirmativement.

« *Eh bien*, vous rappelez-vous certaine scène dans laquelle certain bonhomme arrive aux cris plaintifs d'une femme battue par son mari?»

Nous fîmes entendre par un signe de tête que nous nous rappelions cette scène.

« *Eh bien*, vous rappelez-vous la manière dont Martine, la femme ainsi battue, accueille la personne qui vient prendre son parti ? « Eh! « je veux qu'il me batte, moi ! »…. *Voyez-vous, Mesdames*, je suis ce voisin compatissant, ce bon M. Robert, et vous êtes toutes de véritables Martines. »

«Il paraît que vous vous fâchez sérieusement, monsieur le champion, dit une des dames; et s'il en est ainsi nous déciderons infailliblement que vous avez été vaincu. »

—«Oh! pour cela, je suis déjà vaincu… Je cède, j'abandonne la partie; je vois clairement que je n'y entends rien. Ce que je regardais comme des preuves de barbarie, vous vous en vantez comme d'autant de priviléges nationaux….. *Allons, je me rends.* »

« Nous n'avons pourtant pas encore rendu notre arrêt, dis-je à mon tour; mais vous êtes peut-être plus fatigué que battu. Vous ne désirez qu'un peu de repos pour être prêt à recommencer le combat. »

—« *Non, absolument non;* mais je changerai volontiers de rôle et je vous dirai que j'admire beaucoup l'Angleterre. «

La conversation prit après cela un autre tour et ne cessa que quand les personnes qui passaient devant nous pour se retirer, nous firent connaître qu'il était temps enfin de quitter notre retraite fleurie et de nous retirer comme les autres.

LETTRE LXVII.

Séance de la chambre des députés.—Beau discours du général Bugeaud contre la licence de la presse.—Réflexions sur la presse.—Affaire du *Réformateur*.—L'Institution pour l'encouragement de l'industrie.—Récompenses aux gens de lettres.

———

De toutes les femmes du monde, les Anglaises sont, je crois, celles qui sont le plus curieuses de pénétrer dans une chambre représentative. La raison en est assez évidente. Ce sont les seules à qui ce privilége soit refusé dans leur propre pays; quoique je pense qu'elles sont assez disposées à considérer cette exclusion même comme un compliment, puisque l'on paraît reconnaître par là que leur seule vue serait capable de distraire nos Solons et nos Lycurgues des importans devoirs qu'ils ont à remplir.

Mais quelque disposées qu'elles soient à se

soumettre à cette privation chez elles, il est certain que les Anglaises aiment beaucoup à assister à des séances législatives dans les pays étrangers. Il faut convenir que c'est un spectacle singulièrement intéressant de voir les forces morales d'un grand peuple rassemblées et s'occupant du bien-être et de la sûreté de plusieurs millions d'hommes. Je soupçonne pourtant que la sublimité de ce spectacle serait fort affaiblie si l'on se familiarisait trop avec lui et si au lieu de se hisser difficilement en dehors d'une lanterne pour saisir à la dérobée un coup d'œil ou un mot de ce qui se passe dans l'intérieur du temple, on pouvait habituellement se placer dans une tribune aussi commode que celle que nous occupâmes hier à la Chambre des Députés. Nous cesserions bientôt alors d'éprouver ce profond respect que nous inspira la vue de la sagesse de la France réunie en ce lieu.

La manière dont la Chambre est disposée est on ne saurait plus agréable pour les spectateurs. Des galeries on la découvre parfaitement tout entière, et l'orateur qui occupe la tribune ne peut manquer d'être entendu de tous ceux qui les remplissent. Les étrangers trouvent encore un grand avantage à ce que la position de chacun des membres est si exactement marquée que l'on sait immédiatement où l'on doit chercher le bruyant républicain, le mélancolique légitimiste et l'actif doctrinaire. Les ministres sont aussi parfaitement distingués par la place qu'ils occupent à la Chambre, que dans l'Almanach royal, et moyennant la modique dépense d'un franc, on peut acheter, à l'entrée de de la salle, une espèce de carte géographique, qu'on appelle *Table figurative* de la Chambre; vous apprenez ainsi le nom de chaque membre et le lieu où il a été nommé.

Cette circonstance augmente considérablement l'intérêt qu'éprouve un étranger. Il est fort agréable d'entendre un homme, quel qu'il soit, parler avec feu et avec éloquence; mais ce plaisir devient incomparablement plus vif, quand on sait en même temps qui il est et d'où il vient. Si c'est un ministre, chaque mot qu'il prononce a plus ou moins de poids, selon les circonstances, et si au contraire on sait qu'il est dans l'opposition, on se trouve par là plus ou moins au fait du prix qu'il faut attacher à ses paroles.

La discussion à laquelle nous assistâmes était par elle-même fort intéressante. Elle roulait sur l'amende et l'emprisonnement qu'il fallait infliger aux journalistes qui avaient violé à la fois les lois et la convenance dans leurs publications séditieuses au sujet du procès pendant au Luxembourg. Le général Bugeaud fit un excellent discours sur l'abus de la liberté de la presse, de cette liberté qui a inspiré plus de paroles hypocrites qu'aucun autre sujet au monde. On a porté si loin cette hypocrisie qu'il faut vraiment être doué d'un courage moral plus qu'ordinaire pour aborder franchement cette question et pour dire avec hardiesse que cette puissance illimitée, que pendant long-temps on a regardée comme le plus grand bienfait qui puisse être accordé au peuple, est au contraire un mal affreux. Si cette puissance illimitée n'avait été défendue que par des démagogues et des mécontens, les difficultés dont la question est hérissée se reduiraient presque à rien; mais tant d'hommes honnêtes ont adopté la même manière de voir, que les lois ne peuvent plus y poser des restrictions qu'avec une prudence extrême et par une conviction, fondée sur l'expérience, de leur indispensable nécessité.

Il n'y a en effet rien d'aussi plausible que les sophismes par lesquels on s'efforce de démontrer que l'exercice illimité de l'intelligence est non-seulement un droit que chaque homme apporte avec lui en naissant, mais encore que l'exercice de ce droit doit nécessairement être avantageux à toute la race humaine. Il est facile de parler de la perte qui résulterait pour la masse toujours croissante des connaissances humaines, si l'autorité souveraine mettait des entraves à la dissémination des fruits de la réflexion et de l'expérience. Il est facile de peindre de couleurs odieuses la tyrannie qui cherche à arrêter les divins efforts de l'esprit immortel. Et pourtant il est clair comme le jour que tous les maux que les plus cruels tyrans aient jamais répandus sur les hommes, ne peuvent se comparer à ceux de la funeste influence de la liberté illimitée de la presse.

L'influence de la presse est sans contredit l'arme la plus terrible que la Providence ait confiée à la main de l'homme. S'il s'en sert pour faire le bien, elle est en état de nous élever plus haut sur l'échelle intellectuelle que jamais Platon osa l'espérer. Employée au contraire pour faire le mal, le prince des ténèbres doit céder devant elle; il ne possède aucune arme aussi puissante qu'elle.

Que sont les tentations, les séductions du monde contre lesquelles tonne le zélé prédicateur et que craint le tendre père, si on les compare à la corruption qui, semblable à un serpent venimeux, peut se glisser dans le sein de l'innocence à l'aide de ce pouvoir insidieux ? Quel asile peut nous en défendre ? Derrière quels remparts braverons-nous ses coups ? le blasphème, la trahison et la débauche obtiennent de la législature le droit d'attaquer à leur gré les mœurs de tout peuple chez qui la loi reconnaît une liberté illimitée de la presse.

Cette vérité sera certainement, quoique peut-être lentement, reconnue par tous les hommes, et si dans un siècle la société elle-même existe encore, il est probable que nos petits enfans jouiront du bienfait sans les maux qui l'accompagnent. La tête du serpent a été écrasée; nous pouvons donc tout espérer; mais le moment n'est pas encore arrivé.

Les discussions qui ont eu lieu dans la Chambre sur cet important sujet, non-seulement hier, mais encore toutes les fois qu'il a été question de ces amendes, ont été fort animées et fort intéressantes. Jamais les divers points de vue sous lesquels une question peut être envisagée ne furent développées plus habilement que dans quelques-uns des discours prononcés sur cette affaire. D'un autre côté, jamais l'effronterie n'a été poussée aussi loin que dans la défense des gérans des journaux accusés. Ainsi par exemple, M. Raspail s'étonna de ce que la Chambre des Pairs, au lieu de se plaindre des libertés qu'on a prises avec elle, n'avait pas au contraire remercié de l'utile leçon qui lui avait été donnée. Il dit en outre dans cette défense que les rédacteurs du *Réformateur* ont pris la résolution de publier sans autorisation ou changement aucun tous les articles que les accusés ou leurs défenseurs enverraient à ce journal. Cette *résolution* doit donc être prise selon eux comme une excuse de tout ce que leurs colonnes peuvent contenir. L'argument concluant de cette défense est posé sous la forme d'une déclaration d'après laquelle quiconque condamne un de ses semblables aux horreurs de l'emprisonnement, mérite de souffrir la même peine pendant vingt ans comme une expiation de son crime. Ceci est logique.

Dans tout ce que l'on rapporte des manières et du langage adoptés par les partisans de ces prisonniers lyonnais, il y a un ton d'audace grossière et insolente, qui prouve, selon moi, d'une manière évidente que le parti n'est pas fort à craindre.

Après que la Chambre des Pairs eut pris la résolution de punir ceux qui avaient souscrit la protestation contre ce qu'elle avait fait, deux individus qui n'étaient pas compris dans ce vote de réprobation présentèrent une pétition afin de partager le sort des autres. Je ne sais quelle fut la réponse qui fut faite à cette ridicule bravade; mais on m'a assuré qu'un membre proposa de répondre.

« La cour regrette de ne pouvoir accorder la demande des pétitionnaires, attendu que l'arrêt contre ceux qu'il concernait est déjà rendu ; mais si ces messieurs le désirent, ils pourront trouver moyen de se faire comprendre dans le premier procès qui aura lieu pour haute trahison. »

Dans la soirée nous allâmes à l'institution pour l'encouragement de l'industrie. L'assemblée se tenait dans la salle Saint-Jean à l'hôtel-de-ville et offrit beaucoup d'intérêt pour des étrangers. Les discours prononcés par plusieurs des membres furent de très bon goût et bien en rapport avec le sujet. Je n'y entendis rien qui ressemblât à ce genre d'éloquence populaire si commune depuis quelque temps en Angleterre dans des occasions semblables; rien qui tendît à faire croire aux respectables citoyens de la capitale que les hommes sages les regardaient comme formant les premières classes de la société.

Les discours furent admirablement bien adaptés au but que l'on se proposait, savoir, d'exciter l'esprit d'invention, l'industrie et l'émulation, et je crois réellement que dans cette occasion on ne dit pas une seule sottise.

On exposa à cette occasion plusieurs inventions et perfectionnemens ingénieux, et la réunion fut considérablement *égayée* par deux ou trois morceaux fort bien exécutés sur un piano d'une construction nouvelle.

Plusieurs prix furent accordés et reçus avec ce plaisir sincère dont il est si doux d'être témoin. Tous ces prix étaient décernés à d'utiles perfectionnemens dans quelque branche de mécanique pratique, et non point, comme on l'a fait en dernier lieu à Londres, ainsi que je l'ai vu dans les journaux, à des brochures, l'une desquelles était un essai sur l'éducation, composé par un jeune poseur de sonnettes! L'année prochaine le prix de médecine sera peut-être accordé à un apprenti chaudronnier, et celui de législation à Betty la frotteuse. Ce bon sens, dont nous étions jadis si fiers, paraît avoir émigré et s'être refugié en France; car, en dépit de la dernière révolution, on n'en est pas encore arrivé ici à ce point de sottise. Les ouvriers sont restés ouvriers; et quoique, dans le nombre, il s'en soit trouvé qui se sont terriblement mêlés de politique, et qui, en buvant leur piquette, font la leçon à leurs rois, je n'ai pas encore entendu dire qu'ils aient jeté leurs limes et leurs marteaux pour écrire des essais sur l'éducation.

Ce singulier mélange d'occupations me rappelle une conversation à laquelle j'assistai l'autre jour sur la manière la plus convenable, pour une nation, de récompenser et d'encourager les hommes de lettres. Une personne de la société, qui ne montrait pas beaucoup d'enthousiasme, soit dans ses manières, soit dans ses discours, se contenta de dire que selon lui une pension modique, suffisante pour empêcher que l'esprit ne fût péniblement préoccupé de la nécessité de pourvoir aux besoins du corps, était la meilleure récompense que le pays pût offrir.

« Est-il possible que ce soit là réellement votre opinion, mon cher monsieur? demanda une personne qui est en même temps amateur et connaisseur, bel esprit et antiquaire, violoniste et critique, poëte et anglais. J'avoue que la mienne à cet égard est très différente... Bon Dieu!... Quelle récompense pour un homme de génie!... Que feriez-vous pour une vieille nourrice? »

« Je lui donnerais une pension aussi, » dit l'homme de sang-froid.

« Je m'y attendais, dit l'amateur ; et vous n'éprouvez donc aucune répugnance à placer sur le même rang les immortels efforts du génie et le soin de bercer de petits enfans?... Fi d'une pareille philosophie! »

« Et quelle récompense proposerez-*vous* de leur donner, monsieur? » reprit le partisan de la pension.

— « Moi, monsieur?... je donnerais aux hommes de génie les premières places et les premiers honneurs de l'état. Par ce moyen un pays s'ennoblit à la face du monde entier. »

— « C'est possible, monsieur ; mais les premières places de l'état entraînent après elles beaucoup d'affaires et d'embarras qui empêcheraient ces hommes de se livrer aux travaux de l'esprit que vous désirez encourager. Je serais très fâché de voir M. Southey ministre de la guerre, et il mérite pourtant que son pays fasse quelque chose pour lui. »

— « Un homme de génie, monsieur, a droit de tout exiger de son pays... Ce n'est pas par une chétive pension qu'on peut le payer. Il faudrait le pousser dans le parlement, il faudrait... »

— « Je crois, monsieur, qu'il faudrait le laisser dans son cabinet, entouré de ses livres. Cela lui conviendrait mieux que d'être élu membre du parlement par le plus beau comté de l'Angleterre. »

« Juste ciel, monsieur ! » repartit l'enthousiaste ; mais il leva les yeux, et... son adversaire était parti.

LETTRE LXVIII.

Le *Mouvement*.—Les Tombeaux des héros de juillet.—
Harangue d'un héros survivant.—La rue de la Féronnerie.—L'histoire des rues de Paris serait intéressante.
—Celle des couvens aussi.—Les Français des divers
siècles ne se ressemblent pas.

───

Il faut qu'aujourd'hui je vous rende compte des aventures qui me sont arrivées pendant une *course à pied* que j'ai faite au marché des Innocens : vous saurez qu'au coin de ce marché il y a une boutique, spécialement consacrée aux dames, où l'on débite tous ces objets impossibles à classer sous une dénomination quelconque, et que chez nous on appelle *haberdashery*, terme qui m'a été un jour expliqué par un célèbre étymologiste, comme venant des deux mots français *avoir d'acheter*. Le magasin dont je parle, *à la Mère de famille*, marché des Innocens, mérite bien ce nom, car il y a peu d'objets dont une femme puisse avoir besoin, qu'elle ne trouve à y acheter. Or je me rendais à ce lieu, où toutes les utilités se trouvent rassemblées, quand j'aperçus devant moi, et précisément sur le chemin que je devais suivre, une foule considérable que, dans le premier moment, je pris pour une émeute; quoique plus tard ce rassemblement prît une apparence beaucoup moins inquiétante, comme j'étais seule, je me sentis plus disposée à retourner sur mes pas qu'à avancer. Je m'arrêtai un moment avant de prendre une résolution, et voyant une femme debout devant la porte d'une boutique non loin du lieu du tumulte, je me risquai à lui demander la cause qui réunissait tant de monde dans un quartier si paisible. Malheureusement la phrase dont je me servis m'attira plus de railleries que les étrangers n'ont coutume d'en souffrir de la part des Parisiens, d'ordinaire si polis. Mes paroles furent, si je me les rappelle bien, celles-ci:

« *Pourriez-vous me dire, Madame, ce que*

signifie tout ce monde?... Est-ce qu'il y a quelque mouvement? »

Ce malheureux mot de *mouvement* l'amusa infiniment, car c'est celui dont on se sert en parlant des véritables émeutes politiques qui ont eu lieu, et dans cette occasion il était tout aussi ridicule de s'en servir que si, en voyant à Londres une cinquantaine de personnes rassemblées autour d'un filou qu'on vient d'arrêter ou d'une voiture versée, on allait demander s'il va y avoir une révolution.

« Un *mouvement!* répéta cette femme avec un sourire très expressif: *Est-ce que madame est effrayée?... Mouvement?... oui, Madame, il y a beaucoup de mouvement... mais cependant c'est sans mouvement... C'est tout bonnement le petit serin de la marchande de modes là-bas qui vient de s'envoler... je puis vous assurer de la chose*, ajouta-t-elle, *car je l'ai vu partir.* »

« Est-ce là tout? dis-je; est-il possible qu'un oiseau qui s'envole puisse rassembler tant de monde?»

—« *Oui, Madame; rien autre chose... Mais*

regardez ; *voilà les agens de police qui s'approchent pour voir ce que c'est... Ils en saisissent un, je crois... Ah ! ils ont une manière si étonnante de reconnaître leur monde.* »

Cette dernière remarque me décida à ne pas aller plus loin, et je me retirai en remerciant l'obligeante bonnetière des renseignemens qu'elle m'avait donnés.

« *Bonjour, Madame*, me dit-elle avec un sourire très mystifiant, *bonjour ; soyez tranquille ; il n'y a pas de danger d'un mouvement.* »

Je suis bien sûre que cette femme était l'épouse d'un doctrinaire ; car il n'y a rien qui offense plus le parti tout entier, depuis le plus grand jusqu'au plus petit, que l'expression du plus léger doute sur la durée de leur chère tranquillité. Dans cette occasion pourtant je n'en avais réellement aucune intention ; toute ma faute était dans la phrase dont je me suis servie.

Je retournai chez moi pour chercher une escorte, et quand je l'eus trouvée, je me remis en route pour le marché des Innocens, et j'arrivai cette fois, sans autre mésaventure que d'avoir été éclaboussée deux fois, et trois fois à peu près renversée par des voitures. Mes emplettes faites, je me préparais à reprendre le chemin de mon logis quand la personne qui m'accompagnait me proposa d'aller voir les monumens élevés en l'honneur de dix ou douze héros révolutionnaires, tous enterrés non loin de la fontaine le 29 juillet 1830.

Quand nous arrivâmes auprès du petit enclos, je remarquai un homme qui me parut ressembler à un compositeur d'imprimerie, il s'appuyait contre la balustrade et haranguait une jeune fille qui se tenait auprès de lui, et ouvrait de grands yeux comme pour dévorer les paroles d'oracle qui sortaient de sa bouche. Un petit garçon, qui prêtait presque autant d'attention qu'elle à l'éloquence de l'orateur, était placé entre eux et complétait le groupe.

J'éprouvai un grand désir d'entendre ce qu'il disait; et prenant tout doucement position non loin d'eux, je m'efforçai de montrer un air aussi respectueux que la jeune fille, à qui ce discours s'adressait particulièrement. Il s'aperçut de notre approche, mais n'eut pas l'air de s'en inquiéter. Il semblait au contraire qu'il ne fût pas fâché d'avoir un auditoire plus nombreux : car il mit évidemment plus d'énergie dans son accent, plus de dignité dans ses gestes et donna plus d'éclat à sa voix.

Je n'essaierai pas de vous répéter mot à mot son discours, car dans le nombre de ses phrases, il y en avait de si extraordinaires ou du moins de si neuves pour moi, qu'elles sont entièrement sorties de ma mémoire; mais l'ensemble de ce discours fit sur moi et sur la personne qui m'accompagnait une certaine impression, car il renfermait l'ame et l'essence même du parti auquel il était évident que l'orateur appartenait. Le sujet de ce discours était le traitement moral infligé aux aimables, patriotiques et magnanimes prisonniers du Luxembourg.

« Pourquoi avons-nous combattu ? dit-il en montrant du doigt les tombeaux; n'était-ce pas pour rendre la France et les Français libres ?... et peut-on appeler liberté d'être renfermé dans une prison ?... oui, renfermé... Un esclave peut-il être plus malheureux que cela ?... Aux esclaves on met des chaînes... mais *qu'est-ce que cela fait?*... Quand un homme est renfermé il ne peut aller plus loin que si on lui mettait des chaînes; *c'est clair*... c'est absolument la même chose, et les Français sont de nouveau esclaves... C'est là ce que nous avons gagné par notre révolution...»

La jeune fille, qui continuait à regarder l'orateur avec une attention que rien ne pouvait troubler et sans doute avec une admiration égale à son attention, jetait de temps en temps un regard de notre côté pour voir l'effet que ce discours produisait sur nous. Je l'écoutais avec autant de curiosité qu'elle, et j'aurais volontiers prêté l'oreille jusqu'à la fin aux innombrables raisons qu'il donnait pour prouver qu'un Français, quelque chose qu'il fasse (à moins toutefois qu'il ne commette le crime d'obéir à son roi, comme les infortunées victimes de la tyrannie populaire renfermées au château de Ham), ne doit jamais être privé de sa liberté, parce que c'est pour la liberté qu'ils ont combattu; qu'être en prison n'est pas être libre, et ainsi de suite revenant toujours sur le même cercle d'argumens. Cependant, à mesure que sa véhémence croissait, son auditoire devenait plus nombreux, et ne voulant pas assister à un second *mouvement* le même jour, ni faire partie d'un rassemblement dont la police croirait devoir s'occuper, je me décidai à m'éloigner. Les derniers mots que je lui entendis prononcer furent ceux-ci :

« *Voilà les restes de notre révolution de Juillet !* »

A dire vrai, cet homme faisait si ouvertement de la sédition que je me sentis trop heureuse de pouvoir me retirer saine et sauve; en attendant je ne fus pas fâchée d'avoir assisté à cette petite ébullition d'éloquence populaire.

Pendant que nous écoutions ce discours, nous étions assez près des tombeaux pour me permettre de lire et de prendre note de l'épitaphe inscrite sur l'un d'eux. La *victime de Juillet* qui reposait sous cette tombe s'appelait *Hapel*. Elle était du département de la Sarthe et fut tuée le 29 juillet 1830.

On ne peut rien voir de plus mesquin que cet étalage de drapeaux, de piques et de hallebardes qui ornent ces tombeaux des *Immortels*. Il y en a encore quelques-uns de même genre dans la cour orientale du Louvre et, à ce que je crois, dans plusieurs autres lieux encore. Il me semble que s'il était convenable de placer de pareils monumens dans les carrefours d'une capitale, il aurait fallu du moins leur donner quelque dignité, tandis qu'à présent leur aspect est tout-à-fait ridicule. Si les corps des personnes tuées sont réellement déposés dans ces bizarres enclos, on témoignerait beaucoup plus de respect pour eux et pour leur cause en les transportant au cimetière du Père La Chaise, avec tous les honneurs qu'on jugerait leur être dus, et d'inscrire sur le monument qu'on leur y consacrerait l'époque et le genre de leur mort. Il y aurait au moins en cela l'apparence d'un sentiment national et respectable, tandis que les drapeaux et les franges qui flottent aujourd'hui sur leurs restes rassemblent à la friperie d'une troupe de comédiens ambulans.

En quittant ce lieu on me fit remarquer la rue de la Féronnerie, située près du marché des

Innocens, et dans laquelle Henri IV perdit la vie par la coupable main de Ravaillac. En parlant de cet évènement, et en rappelant plusieurs autres encore dont les rues de cette belle mais turbulente capitale ont été le théâtre, nous nous dîmes qu'un ouvrage fort intéressant et même de luxe, s'il était orné de belles gravures, pourrait être composé sur le même plan ou du moins d'après la même idée que celui de Leigh Hunt sur les localités intéressantes de Londres. L'histoire des rues de Paris contiendrait un mélange de tragédies, de comédies et de science pratique, d'histoire, de biographie et de romans, qui suffirait pour remplir plusieurs volumes fort amusans; et ce genre étant le plus recherché aujourd'hui, ils ne pourraient manquer d'avoir un grand succès.

Avec combien d'agrément un écrivain facile poursuivrait de siècle en siècle ces intéressantes anecdotes, sans règle et sans ordre, et pourtant suffisamment liées entre elles pour pouvoir sans inconvénient être rangées sous le même titre! Quel vaste champ pour l'histoire présenterait souvent le lieu le moins remarquable!

Là où quelques pierres éparses sur le terrain, indiquent seules encore l'emplacement où devait s'élever le palais du roi de Rome, on voyait jadis le couvent de la *Visitation de Sainte-Marie*, fondé par la belle et bonne Henriette après le martyre de son époux, notre premier Charles. Dans la chapelle de ce couvent se conservaient le cœur de cette reine, et ceux de sa famille et du roi Jacques II. Ce lieu où des religieuses anglaises cherchaient un refuge contre le protestantisme anglais, est encore très anglais, car on y a établi une filature de coton. Le très saint autel du *Verbe incarné* a été remplacé par une caserne. En un mot, il est presque impossible de faire un pas dans Paris sans apprendre, pourvu que l'on veuille se donner la peine de questionner, quelque tradition qui se rattache au lieu où l'on se trouve, et qui mérite d'être consignée dans un ouvrage de ce genre.

J'ai souvent pensé qu'une histoire des couvens de Paris, pendant cette année 1790, témoin de tant de barbares profanations, pourrait fournir un des ouvrages les plus intéressans du monde. Le nombre de religieuses, des seuls couvens de Paris, qui rentrèrent dans le siècle, fut de plusieurs milliers ; et quand on songe aux sentimens divers qu'elles ont dû y rapporter, depuis l'ivresse la plus grande causée par un retour vers la vie et l'espérance, jusqu'à la plus cruelle sensation d'isolement et d'abandon, il paraît réellement extraordinaire que cette histoire soit si peu connue.

Chacun sait que Paris est un lieu fort délicieux pour tous ceux qui le contemplent, dût-on ne lui accorder que ce regard superficiel qui ne s'attache qu'à l'apparence extérieure et au moment actuel ; mais je crois qu'il serait plus intéressant qu'aucune autre ville du monde moderne, si on le parcourait dans la compagnie d'un savant antiquaire, qui aurait accordé une attention particulière à ce sujet. Il y a quelque chose de si piquant dans le contraste que présenteraient pour certaines localités leur ancien état, et celui dans lequel elles se trouvent aujourd'hui ; on y verrait de tous côtés tant de preuves de l'immense grandeur de l'animal que nous appelons homme, de son défaut de sensibilité; tant de traces d'esprit jointes à tant de délicatesse ; tant de piété et tant de profanations ; tant de courtoisie et de politesse, et tant de féroce barbarie, que rien de semblable ne se rencontre, selon moi, dans aucune des autres pages du livre de la nature humaine.

Je suis du moins bien sûre que les annales de la Grande-Bretagne ne fournissent point le tableau de mœurs et d'actions aussi dissemblables à des époques différentes. Le contraste le plus frappant que contiennent ces annales, est celui qui existe entre le gouvernement d'Olivier Cromwel et celui de Charles II ; mais cela peut-il se comparer aux changemens qui se sont, à plusieurs reprises, manifestés dans les mœurs nationales de la France? Chez nous, la seule cause de la différence était le désir d'adopter le ton de la cour, quelle qu'elle fût, ce qui se prouve par la grande facilité avec laquelle on a passé de l'un à l'autre, et elle ne s'est fait voir en général que parmi les courtisans, qui prennent toujours les manières de leur maître, comme les laquais endossent sa livrée; mais les Anglais, proprement dits, resteront toujours les mêmes sur tous les points principaux. Il n'en est pas ainsi des Français, qui se jettent perpétuellement, eux et leur pays, d'une extrémité à l'autre, tantôt dans les excès religieux qui marquent l'histoire de la ligue, tantôt dans le mépris de la religion et le renversement des autels; un jour adorant leurs monarques, et le lendemain acharnés contre eux comme des bêtes féroces. Dans ces diverses occasions les Français étaient-ils le même peuple? Offraient-ils le moindre trait d'affinité morale avec ce que le monde regardait l'année précédente comme le type de leur caractère national? Voyez-les ensuite sous Napoléon, et puis regardez-les sous Louis-Philippe. Quels que soient les dehors dont il se couvre, le peuple français sera un grand, un puissant, un magnifique peuple; mais je doute qu'il y ait une nation dans le monde plus faite pour dérouter un théoricien qui voudrait établir un système de races distinctes. Vous trouverez apparemment que je me suis terriblement éloignée du marché des Innocens, mais je me suis bornée à vous faire connaître le résultat des réflexions auxquelles nous nous livrâmes en famille, après notre retour de cette expédition, réflexions qui furent suscitées par la proximité des tombeaux des *victimes de juillet*, et du lieu témoin de l'assassinat de Henri IV. Nous cherchâmes à expliquer les vues diverses qui avaient animé pendant leur vie les victimes et le monarque, et nous décidâmes tous d'un commun accord que, si l'un pouvait sans peine savoir ce que désirait le roi, il n'était pas aussi facile de deviner ce que voulait le peuple. Il y a tout lieu de croire que l'un ne voulait que le bonheur et la prospérité de la France ; mais qui nous dira quel était le véritable but auquel aspirait le citoyen Hapel, du département de la Sarthe?

LETTRE LXIX.

Réflexions politiques sur Napoléon et la restauration. — L'esquisse du tableau de la Peste de Jaffa. — Collection du baron de Silvestre. — L'Hôtel des Monnaies. — Les Médailles. — Le Musée d'Artillerie.

Nous devons encore à M. J***, l'aimable et obligeant ami dont je vous ai déjà parlé, d'avoir passé une couple de matinées délicieuses. Nous avons vu bien des choses et nous nous sommes entretenu de beaucoup d'autres.

M. J*** est inépuisable dans ses observations piquantes et originales, et il possède une instruction si vaste sur tous les sujets qui se rattachent à l'histoire intérieure de la France pendant les quarante dernières années, que chaque parole qu'il prononce est non seulement intéressante, mais encore précieuse. Dès que j'entame une conversation avec lui, je m'aperçois que j'ai ouvert une riche mine d'utiles renseignemens qui ne me laisseraient rien à apprendre de nouveau sur le pays si j'avais seulement le temps de l'exploiter.

Les Mémoires d'un homme tel que M. J***, formeraient un ouvrage extrêmement remarquable. L'histoire militaire de cette époque est aussi familière à tout le monde que celle des conquêtes d'Alexandre ou de César. L'histoire politique de la France l'est également. Son histoire littéraire parle d'elle-même. Mais des mémoires tels que pourrait les écrire un homme comme M. J*** offriraient un tableau qui nous manque encore.

Nous ne sommes point sans posséder des détails précis de tous les grands évènemens qui ont fait de la France le point sur lequel les regards de toute l'Europe sont attachés depuis un demi-siècle. Mais ces détails nous ont tous été fournis par des individus qui ont pris une part directe aux évènemens ou pour qui du moins leurs résultats avaient un intérêt puissant. En conséquence ils offrent tous plus ou moins la teinte de l'esprit de parti, et dès lors les cîrconstances ne peuvent manquer d'y être défigurées. Aussi malgré les nombreux volumes que nous avons lus sur ce sujet, nous sommes encore loin de pouvoir nous former une opinion juste de l'état intérieur et domestique de la France pendant cette période.

Nous avons beaucoup entendu parler d'anciens nobles qui ont renoncé à leurs titres pour se mêler avec le peuple, et de nouveaux nobles qui ont déposé leurs mousquets pour se faire courtisans; de ministres, d'ambassadeurs et de princes qui ont disparu, et de personnes de toute espèce qui se sont subitement élevées; mais que savons-nous de la masse, non du peuple, car on nous en a assez dit, mais des hommes comme il faut qui, à chaque nouveau changement politique, se croyaient appelés par leurs devoirs de citoyens, à quitter leurs professions honorables et pénibles, les uns pour résister à ces changemens, les autres pour y pousser. Il existe pourtant un grand nombre de ces personnes, et d'après l'ancien dicton: que la galerie juge mieux que les joueurs eux-mêmes, nous devons croire qu'elles sont plus capables de nous apprendre les véritables effets produits par ces changemens, que ceux qui y ont eux-mêmes travaillé.

M. J*** est un de ces hommes; et je ne puis m'empêcher de remarquer, en l'écoutant, que le ton sur lequel il parle des évènemens publics dont il a été témoin, est celui d'un spectateur philosophe. Il me paraît plus disposé qu'aucun autre Français que je connaisse à frapper chaque époque de l'empreinte de son vrai caractère, et à assigner à chaque personnage la valeur qui lui convient. Je n'avais jamais encore été assez heureuse pour entendre un citoyen de la grande nation parler avec liberté, calme et raison, sans prévention ni partialité, du plus merveilleux de tous les hommes, de Napoléon.

Je n'essaierai pas de répéter les mots ou les phrases dont M. J*** s'est servi en parlant de l'empereur; car l'impression générale qui m'est restée de ses discours est bien plus forte que le souvenir de ses paroles. Il est d'ailleurs possible que les conclusions que je me suis permis d'en tirer aient été plus distinctes et plus péremptoires que je n'aurais dû le faire, d'autant plus qu'elles sont le résultat de mots épars et non point d'une conversation suivie. Aussi si je voulais répéter les paroles mêmes dont il s'est servi, je pourrais être involontairement entraînée dans de l'exagération.

L'impression que j'ai reçue est donc celle que Napoléon était un tyran des plus magnifiques. Ses projets paraissent avoir été conçus avec la grandeur et l'énergie d'un géant moral, même quand ils se rapportaient seulement à l'administration intérieure du vaste empire qu'il gouvernait; mais la manière dont il les exécutait était constamment marquée par la tyrannie la plus effrontée, la plus intrépide, la plus inflexible. Les fameuses ordonnances de Charles X ne pourraient pas plus se comparer aux actes arbitraires auxquels Napoléon se livrait chaque jour, que la plus délicate pince à sucre à l'étau le plus solide qui ait jamais été forgé par Vulcain. Mais ce pouvoir énorme, ce pouvoir terrible, il ne s'en servit jamais inutilement, et tant qu'il gouverna la France, elle eut plus souvent occasion de s'écrier avec le poète:

C'est une chose excellente d'avoir la force d'un géant,

que d'ajouter avec lui:

Mais il est tyrannique de s'en servir comme un géant.

C'est cette conviction, c'est la ferme croyance que la *gloire* de la France était le véritable but que se proposait son autocrate, qui rendit son pouvoir irrévocable et sacré pendant tout le temps qu'elle consentit à plier sous le joug sa tête orgueilleuse, et qui a fait que désormais son nom sera toujours pour les Français le synonyme de gloire. Qu'est-ce que les hommes en général, mais surtout les Français, ne supporteraient pas pour cela? Si Napoléon était resté éternellement leur empereur avec toute sa gloire, ils seraient demeurés éternellement ses esclaves volontaires.

En attendant, quand il fut à jamais perdu pour eux, il y a tout lieu de croire que les Français auraient sans regret renoué le fil rompu de leur ancienne gloire avec leurs espérances de grandeur à venir, si l'acte qu'il fallait faire pour y arriver avait dépendu d'eux seuls, et s'ils n'y avaient pas été en quelque sorte forcés par leurs ennemis. Aussi quoiqu'un grand nombre de Français puissans, nobles, vaillans et fidèles, saluassent le retour du fils de saint Louis à son trône légitime avec le dévouement le plus sincère dont l'homme ait jamais été animé, il y avait cependant un sentiment national d'honneur blessé qui rongeait le cœur de la multitude et qui, même aux jours les plus brillans de la restauration, empêcha que les Français ne regardassent leur roi légitime des mêmes yeux qu'ils l'auraient fait s'ils avaient acheté son retour en tirant leur épée au lieu de la poser. Cette grandeur leur était imposée, et je suis convaincue que c'est pour cette seule raison qu'elle leur a déplu.

Jadis, quand il arrivait par hasard qu'un roi n'était pas aimé de son peuple, cela importait fort peu à la prospérité générale de son pays et moins encore à la paix générale de l'Europe. Quand même la haine qu'on lui portait allait au point de soulever contre lui la main des assassins, la tranquillité du reste du genre humain n'en était que faiblement affectée. Mais de nos jours l'effet est bien différent. La *désaffection* a appris à se manifester par des actes qui frappent à la fois des millions de citoyens du pays dans leur prospérité et compromettent la durée de la paix extérieure. Aussi est-il de la plus haute importance pour l'Europe entière que tous les trônes existans soient soutenus, non seulement par leurs propres sujets, mais encore par un système de secours mutuels qui assurent la paix et la sécurité de tous. Je conviens que cette tâche devient fort difficile à remplir là où le roi est repoussé par la majorité du peuple, et l'on reconnaîtra probablement que l'appui accordé au pouvoir fermement et légalement établi contribuera plus au succès de ce système de secours mutuels pour le maintien de la tranquillité générale, que ne pourrait le faire une croisade que l'on entreprendrait dans le but de remettre une dynastie exilée à la place d'une dynastie régnante.

Telle est la doctrine que j'ai entendue défendre si souvent et si longuement, que j'ai cessé toute tentative pour la réfuter. Cependant, en l'exposant, je me suis un peu éloignée de ces réminiscences de la belle France, que j'ai trouvées si intéressantes, quand elles échappent comme par hasard à la mémoire si bien fournie de mon aimable ami. Je ne chercherai même pas à retourner au point d'où j'étais partie, car je suis convaincue que je ne pourrais vous donner aucune idée de l'agrément qui règne dans sa conversation. Je crois d'après cela que ce que je puis faire de mieux, est de vous épargner la suite de mes réflexions politiques, et de vous rendre compte des objets que j'ai eu le plaisir de voir en sa société.

Un de ces objets intéressans fut la magnifique esquisse, si je dois donner ce nom à un tableau, très achevé lui-même, du beau tableau de la *Peste de Jaffa* par le baron Gros. Une quinzaine de jours auparavant j'avais vu ce tableau au Luxembourg, et j'étais demeurée convaincue qu'il était le plus parfait ouvrage de ce maître; mais maintenant je dois avouer que ce premier développement de son idée est plus remarquable encore. C'est une magnifique composition, et il s'y trouve des groupes qui auraient fait honneur à Michel-Ange. La sévère simplicité de la figure et de la pose de l'empereur est du goût le plus pur.

Cet admirable ouvrage appartient au baron de Silvestre, dont la collection, sans pouvoir prendre rang au nombre des galeries, contient quelques fort beaux tableaux. Je la visitai ainsi que son propriétaire avec le plus grand intérêt. Il est impossible d'éprouver pour les arts un amour et un enthousiasme plus vrais. Il a dans son appartement un cabinet, qui lui sert, je crois, de chambre à coucher, et qui, depuis le plafond jusqu'au parquet, est tapissé de petits bijoux, lesquels, au premier aspect, produisent l'effet d'une inextricable confusion d'objets. Les portraits, les paysages, les esquisses historiques, les dessins, les gouaches et les tableaux à l'huile, les uns encadrés, les autres nus, sont entremêlés sans aucune symétrie, sans aucun ordre quelconque. Mais c'est une belle confusion, et plus d'un amateur serait trop heureux si on lui permettait d'emporter au hasard une poignée de cette masse hétérogène,

Les dessins originaux et authentiques des

grands maîtres, fussent-ils réduits en lambeaux, ont toujours eu un grand prix à mes yeux, et le baron Silvestre en possède plusieurs ; mais ce qui m'a surtout enchantée, c'était la connaissance parfaite qu'il paraissait avoir, l'intimité domestique, si je puis m'exprimer ainsi, avec laquelle il jouit des moindres chiffons qui couvrent les murs de sa chambre. Il me rappela Denon qui me fit voir aussi, il y a bien des années, sa collection si vaste et si variée. J'aime à rencontrer des personnes qui traitent sérieusement les choses.

Le même jour où nous fîmes cette agréable connaissance, nous passâmes une couple d'heures à l'hôtel des Monnaies, situé sur le quai Conti, et, à ce que je crois, sur l'emplacement même qu'occupait autrefois l'hôtel de Conti. Cet édifice est très magnifique, comme le sont tous les établissemens publics en France, et nous prîmes grand plaisir à examiner avec notre intelligent et aimable cicérone, une collection immense de monnaies et médailles. Cette collection était autrefois placée au Louvre, mais fut transférée à l'hôtel des Monnaies aussitôt qu'il fut achevé. Les médailles occupèrent, selon l'usage, la plus grande partie de notre temps et de notre attention. C'est une véritable galerie de portraits, plusieurs d'entre lesquels présentent un grand intérêt historique. Mais ce qui nous divertit peut-être plus que tout le reste, ce fut de voir le grand nombre d'ignobles têtes, qui n'ayant pas plus de droit de figurer là que si elles eussent été autant de navets, avaient pourtant trouvé moyen, par l'excessive vanité des personnes elles-mêmes ou de leurs amis, de se glisser parmi les rois, les héros, les poètes et les philosophes. On ne saurait se faire une idée de la multitude de ces individus insignifians, qui ont cherché à se créer une immortalité de bronze ou de cuivre à l'hôtel des Monnaies. Un exemplaire de chaque médaille frappée en France, doit nécessairement être déposée là; et c'est probablement la connaissance de ce fait qui aura engagé ces petits grands hommes à vouloir se distinguer d'une manière si absurde.

Dans une autre occasion nous allâmes, toujours avec le même guide, visiter le Musée national d'Artillerie, où l'on voit une belle collection d'anciennes armures, qui toutefois ne peut pas se comparer à celle que renferme la Tour de Londres. Des mousquets et des arquebuses, d'une haute antiquité, travaillés dans une grande perfection, avec des incrustations d'ivoire, de nacre et de pierres précieuses, sont fort artistement arrangés, ainsi que plusieurs armures complètes de différentes dates. Dans le nombre se trouve celle que portait l'infortunée Pucelle d'Orléans. Mais cette institution n'est pas seulement curieuse pour les antiquaires, elle peut encore devenir véritablement utile pour les militaires, qui y trouvent le moyen d'étudier l'art de la guerre, depuis sa première simplicité barbare, jusqu'à la terrible perfection à laquelle il est parvenu aujourd'hui. Les modèles de tous les instrumens de carnage sont admirablement exécutés, et ne peuvent manquer d'offrir un grand intérêt à tous ceux qui désirent étudier la théorie de la guerre. Mais je m'amusai beaucoup dans cette exposition, d'un avis écrit à la main et qui se répétait de distance en distance le long des rateliers, ou étaient placés les fusils modernes d'un usage ordinaire. Voici cet avis :

« Manquent au second étage de ce ratelier
« d'armes environ quatre-vingts carabines à
« rouet, ornées d'incrustations d'ivoire et de
« nacre, dans le genre de celles du premier
« rang. Toutes celles que l'on voit ici ont servi
« dans les journées de juillet et ont été rendues
« après. Les personnes qui auraient encore
« celles qui manquent sont priées de les rap-
« porter. »

Quelle étonnante *bonhomie* de croire que, parce que les fusils ordinaires dont les patriotes de juillet se sont servis ont été rendus, ceux qui étaient ornés *d'incrustations d'ivoire et de nacre* le seront aussi! On ne peut en vérité s'empêcher de sourire à un pareil avis. Tant de confiance et d'espoir mériteraient une meilleure récompense que celle qu'ils attendent. Je ne doute pas que les *incrustations d'ivoire et de nacre* ne soient maintenant en lieu de sûreté et qu'elles n'aient été converties par les patriotiques mains qui s'en étaient servis, à des usages tout aussi avantageux pour eux que de tirer courageusement de derrière une barricade sur la garde royale. Notre ami le doctrinaire voulut bien avouer lui-même qu'il était temps d'enlever ces avis si naïfs.

Ce fut, si je me le rappelle bien, pendant cette promenade que notre ami nous raconta une anecdote que j'ai trouvée curieuse et caractéristique. Ayant obtenu un jour une audience particulière du roi Charles X, il eut occasion de nommer M. de Malesherbes, l'intrépide défenseur de Louis XVI. Le monarque fronça le sourcil. « Sire ! » dit M. J***, presque involontairement.

« *Il nous a fait beaucoup de mal,* reprit le roi; puis il ajouta avec force : *mais il l'a payé de sa tête.* »

LETTRE LXX.

Le Concert des Champs-Élysées. — Exposition de la Société d'horticulture. — Les chapeaux.

La saison qui avance rend l'atmosphère des salles de spectacle insupportable, et même les soirées dans les maisons particulières ne sont plus aussi agréables qu'elles l'étaient. En conséquence nous avons été hier au soir au concert *en plein air* des Champs-Élysées. On me dit que ce genre de divertissement a lieu maintenant aussi à Londres. La France et l'Angleterre ressemblent beaucoup aux interlocuteurs d'une églogue où d'abord l'un épuise sa poétique veine pour enchanter le monde; puis l'autre reprend à son tour l'admirable tâche et fait tous ses efforts pour surpasser son compétiteur; et cette lutte continue ainsi jusqu'à extinction.

Il en est de même des deux grandes cités rivales que sépare le canal de la Manche. A peine une idée nouvelle et lumineuse s'est-elle emparée de l'une d'elles, que l'autre trouve un moyen ingénieux de se l'approprier et devient aussi contente et aussi fière de la chose que si elle eût été le produit de sa propre imagination. Mais dans cette lutte et dans ces vols réciproques, aucune des deux n'a de reproche à faire à l'autre, car l'échange a été à peu près égal.

Il y a très peu d'années encore qu'un petit nombre de violons qui écorchaient les oreilles, et par ci par là la voix criarde d'une *syrène ambulante*, formaient toute la musique des Champs-Élysées. Maintenant on y trouve la plus jolie *salle de concert en plein air* que je puisse imaginer. L'effet de cet arrangement est réellement charmant et si vous avez su bien imiter cette agréable fantaisie, les soirées d'été à Londres y auront beaucoup gagné. Voulez-vous que je vous dise comment cela se fait à Paris?

Vers le bas des Champs-Élysées, un espace circulaire a été entouré d'une balustrade à hauteur d'appui. Dans l'intérieur sont placés en cercle plusieurs rangs de chaises abritées par un léger auvent élevé sur des poteaux. Une troupe de gracieuses caryatides en plâtre, que le spectateur, s'il est bien disposé, peut se figurer être du marbre blanc, supportent chacune une lampe sur sa tête, ce qui forme un cercle délicat de lumières qui, à mesure que le jour baisse, éclaire faiblement mais suffisamment la société. Au centre de l'enclos s'élève un théâtre couvert d'un dais en forme de tente et éclairé d'une façon brillante. C'est là qu'est placé l'orchestre, qui est assez bon et assez nombreux pour produire un effet délicieux. Il faudrait en effet que ce fût une musique bien exécrable que celle qui n'offrirait pas d'agrément quand on l'écoute commodément assis à la douce fraîcheur d'une soirée d'été. Tout l'espace qui se trouve entre l'auvent intérieur et le pavillon du centre est rempli de chaises, occupées par une société nombreuse, et qui forme réellement un ensemble enchanteur.

Le prix d'entrée de toutes ces jolies choses n'est que d'un franc. C'est là, je pense, la partie de l'arrangement que l'on n'aura point imitée en Angleterre, et vous aurez en outre de la peine à croire la manière facile et non préméditée avec laquelle on se rend à ce concert. Je parierais dix contre un qu'aucune dame anglaise n'ira à votre concert champêtre sans arranger sa partie d'avance. Ensuite il faudra décider si l'on ira avant ou après le thé, en voiture ou à pied, etc. Ici au contraire on prend ce divertissement dans un véritable esprit d'aimable insouciance. Vous partez pour faire votre promenade du soir, les lampes brillent au loin ou le son des instrumens frappe vos oreilles, et ce sont là tous les préparatifs nécessaires ; puis comme vous êtes sûr que toutes les connaissances que vous avez à Paris sont occupées comme vous à chercher de l'amusement, il est plus que probable qu'avant d'arriver au petit bureau où l'on dépose sa pièce de vingt sous, vous aurez rencontré quelques amis qui se seront laissé persuader à *promener* leur oisivité du même côté que vous.

Je me demande souvent, quand je jette les yeux autour de moi dans les promenades que nous faisons à pied ou en voiture, où se cachent à Paris toutes les souffrances que nous savons faire partie de la destinée commune des hommes? Dans tout le reste du monde vous rencontrez à chaque pas des personnes sinon misérables et affligées, du moins inquiètes et préoccupées; ici au contraire tous les yeux brillent de gaieté, et quoiqu'il soit possible que cette gaieté ne soit qu'apparente et mise pour sortir avec son chapeau et son schall, il n'en est pas moins vrai que l'effet qu'elle produit réjouit singulièrement le cœur de l'étranger.

Ce sont, je crois, les Anglais qui les premiers ont donné l'exemple d'une exposition annuelle de la société d'horticulture. On l'a suivi ici; mais cette exposition n'est pas encore montée à Paris sur une échelle aussi vaste qu'à Londres et dans ses environs. C'est dans l'orangerie du Louvre qu'elle a lieu, aussitôt que les arbres royaux qui y passent l'hiver sont transportés au jardin des Tuileries. Je ne crois pas avoir jamais souffert de chaleur plus accablante que le jour où nous allâmes voir cette exposition. Le soleil brillait avait une intolérable splendeur sur les longues rangées de fenêtres, et la salle était si pleine de monde que ce ne fut qu'avec la plus grande peine que nous pûmes la traverser en avançant d'un pouce à la fois. Quelques-unes des plantes africaines étaient fort belles; mais à tout prendre il n'y avait rien de remarquable. Je suppose que l'excessive chaleur de la pièce aura nui à la beauté des fleurs les plus délicates; car je remarquai que la fleuraison fragile des plantes que nous cultivons dans nos serres était ici très imparfaite. La collection des geranium était très pauvre en comparaison de quelques-unes que j'ai vues en Angleterre, et ces plantes offraient si peu de nouveauté et d'éclat que j'en ai conclu que l'on attache beaucoup moins de prix à leur culture en France qu'en Angleterre.

Le climat de la France est peut-être plus favorable que le nôtre aux fleurs délicates, et pourtant il me paraît qu'à quelques exceptions près, telles que l'oranger et le laurier-rose, je n'ai rien vu à Paris qui puisse se comparer à ce que l'on trouve chez les grands fleuristes des environs de Londres. De même aussi, quoique les fleurs entrent abondamment dans la décoration des salons, les espèces que l'on emploie sont moins choisies que chez nous, et j'ai vu fort rarement des plantes fleurissant prématurément pour flatter le goût dépravé des amateurs de la ville. Je ne cite pas ceci comme un défaut; je suis au contraire parfaitement d'accord avec Rousseau quand il dit : « Ce n'est pas parer l'hiver, c'est déparer le printemps. » C'est là une vérité qui devient évidente, et par l'indifférence avec laquelle les personnes accoutumées à s'entourer de ces productions précoces et contre nature, accueillent les vrais trésors du printemps, quand il plaît au ciel de les envoyer, et par la languissante faiblesse de ces productions elles-mêmes. Je connais une foule de femmes qui s'extasient devant la pâle et fragile rose que l'on a fait éclore pour elles au mois de février, et qui parcourent sans émotion une campagne embaumée par tous les parfums naturels de l'été. Je ne dis pas qu'il y ait en cela de l'affectation; je suis convaincue que ces belles dames croient bien sincèrement que les roses sont beaucoup plus jolies et plus odoriférantes à Noël qu'au mois de mai. Quant à moi, je suis d'un avis tout opposé.

Parmi la foule rassemblée pour contempler cette exposition de plantes exotiques, se trouvait un homme dont le costume grotesquement républicain était sans contredit le plus absurde que j'eusse encore rencontré. Nous le suivîmes pendant quelque temps des yeux, avec d'autant plus d'intérêt qu'il nous parut être un objet de curiosité pour beaucoup d'autres personnes encore. Son chapeau en pain de sucre, et les énormes revers de son gilet, surpassaient tout ce que l'on peut imaginer, et je suppose que l'attention qui lui fut accordée fut occasionée autant par l'extravagante exagération de son costume, que par son style inusité. Une personne qui nous avait accompagnés à l'Orangerie nous raconta, au sujet d'une partie de cet habillement républicain, une anecdote qui a fourni, nous dit-elle, le sujet d'un vaudeville, mais qui est réellement arrivée à Paris.

Un jeune provincial se rendit à la capitale, précisément à l'époque où ces costumes hiéroglyphiques commencèrent à devenir à la mode;

et comme il avait besoin d'un chapeau neuf, il s'adressa à l'un des chapeliers les plus renommés de la capitale. Ce jeune homme, très innocent en fait de politique, dont il ignorait absolument les symboles, fit choix d'un chapeau dont la forme était aussi élevée et aussi pointue que celles des coiffures des têtes rondes de la cour de Cromwell; se croyant habillé dans le suprême bon ton, il alla visiter un de ses parens qui était en pension dans une institution, connue par des penchans carlistes qu'elle ne se donnait pas la peine de cacher. On lui dit que son cousin était à la récréation avec ses camarades dans le jardin de la maison. S'y étant rendu, il se trouva tout à coup entouré d'une cinquantaine de jeunes légitimistes. Mais à peine le provincial et son chapeau eurent-ils pénétré dans le jardin, que les hurlemens les plus affreux s'élevèrent de tous côtés contre eux.

Dans le premier moment l'innocent provincial se contenta de sourire, croyant que c'était seulement une manière, un peu singulière à la vérité, de lui offrir la bienvenue; et ayant aperçu son parent à l'extrémité d'une allée, il marcha droit à lui. Mais avant qu'il eût pu faire six pas, il fut assailli par une pluie de cailloux, de toupies et de poignées de boue. Étonné de ce qui lui arrivait, et ne pouvant comprendre le motif d'une attaque si violente, il s'arrêta pour un moment, ne sachant s'il devait avancer avec hardiesse, ou se mettre par la fuite à l'abri d'hostilités qui devenaient de moment en moment plus dangereuses. Il n'avait pas encore pris de décision quand son jeune parent arriva courageusement à son secours, en lui criant de toutes ses forces :

« *Sauve-toi, mon cousin! sauve-toi! Ote ton chapeau!.... C'est le chapeau! le méchant chapeau!* »

Le jeune homme s'arrêta de nouveau, espérant qu'il parviendrait à comprendre les vociférations de son petit ami; mais les projectiles sifflaient à ses oreilles avec tant de force, qu'il crut devoir imiter le prudent exemple que Falstaff lui avait donné quelques siècles auparavant, et se sauva le plus vite qu'il put en murmurant tout bas :

« *Qu'est-ce que c'est donc qu'un chapeau à la mode, pour faire ce vacarme du diable?* »

La première chose qu'il fit fut de se rendre chez le chapelier de qui il avait acheté cette périlleuse coiffure, et lui ayant fait part de ce qui lui était arrivé il lui en demanda l'explication.

« *Mais, monsieur,* répondit l'honnête marchand, *c'est tout bonnement un chapeau républicain,* » ajoutant que s'il avait su que les principes de monsieur ne s'accordaient pas avec une forme élevée, il n'aurait pas manqué de le prévenir de l'inconvénient qu'il y avait à porter un pareil chapeau. Il lui présenta en même temps un de ces chapeaux de couleur claire, qui sont à Paris l'emblème des principes de fidélité de ceux qui les portent.

« Ce chapeau, dit-il en le présentant avec grâce, peut être porté sans crainte par monsieur, dût-il aller s'asseoir à l'extrême droite de la chambre. »

Le jeune homme sans expérience ayant changé sa coiffure, se dirigea cette fois vers l'énorme éléphant en plâtre de la place de la

Bastille, de tout temps le principal objet de la curiosité des provinciaux. Il s'était fait donner des instructions correctes pour la route qu'il devait suivre, et se rendit gaiement au but de sa promenade en longeant les boulevarts. Il marcha pendant quelque temps sans éprouver d'interruption ou d'aventure quelconque; mais à mesure qu'il approchait de la région de la porte Saint-Martin, divers petits *sifflemens* commençaient à se faire entendre; et avant qu'il fût arrivé à la moitié du boulevart du Temple, il fut convaincu que si le chapeau contre lequel il avait échangé son pain de sucre lui eût assuré un accueil favorable à la pension de son cousin, il courait grand risque sur le boulevart d'être roulé dans le ruisseau.

Aussitôt qu'il eut découvert que la coiffure de sa malheureuse tête offensait encore les yeux des Parisiens, il retourna chez le perfide chapelier, ne doutant point qu'il ne l'eût trahi avec intention, et exprima hautement l'indignation dont il était rempli de ce que, par la conduite qu'on avait tenue envers lui, on avait deux fois exposé la tranquillité, peut-être même la vie, d'un homme inoffensif, aux insultes de la populace. Le digne chapelier se défendit de cette accusation avec tout le respect et toute la politesse possible, et déclara que son seul désir était de fournir à toutes les personnes qui l'honoraient de leur pratique, les chapeaux qui s'accordaient le mieux avec leurs goûts et leurs principes.

« Si cependant, ajouta-t-il avec un salut modeste, monsieur me fait l'honneur de me demander mon avis, quant au chapeau que, pour sa sécurité, il vaut mieux porter en ce moment à Paris, je lui recommanderai sans aucun doute le *juste-milieu*. »

Le jeune provincial suivit cet avis, et la moralité de l'histoire nous apprend qu'après cela il put se promener dans les rues de Paris sans autre malencontre.

En rentrant chez nous ce matin, nous rencontrâmes un convoi magnifique. Je comptai vingt voitures; mais le nombre des piétons était incalculable. Je ne me rappelle plus le nom de la personne que l'on enterrait, je sais seulement que c'était un homme fort aimé du peuple. Il n'y eut cependant pas la moindre apparence d'émeute ou de confusion ; il n'y avait pas non plus de militaires *pour protéger le cortége*, honneur que ce prudent gouvernement ne manque pas de rendre à tous ceux dont il a lieu de craindre que les funérailles ne soient marquées par de trop vives démonstrations d'affection populaire. Tout le monde ôtait le chapeau au passage du corps; mais on l'aurait fait également quand il n'y aurait pas eu de cortége, car c'est un usage général en France. En attendant, quoique la plus grande tranquillité régnât partout, nous crûmes devoir éviter la foule, et nous quittâmes le quai pour entrer dans une rue qui conduisait au Palais-Royal. Elle n'avait point de trottoirs, et comme je venais quelques momens auparavant de vanter les progrès que l'on avait faits à Paris, quant à la propreté des rues, on me pria de décrire l'état où elles se trouvaient avant ces progrès. Il faut convenir que la rue des Bons-Enfans, dans laquelle nous nous trouvions, justifiait une pareille observation; et pourtant, il est de fait que Paris a fait sous ce rapport de très grands progrès, et si les sept années prochaines sont mises à profit comme les sept précédentes, on pourra raisonnablement espérer qu'avec le temps il sera possible de traverser en voiture et même à pied, les populeuses rues de cette capitale sans s'être muni d'un flacon de vinaigre des Quatre-voleurs ou d'eau de Cologne. Il reste pourtant encore beaucoup à faire, mais tout se fera incontestablement, si de nouvelles barricades ne viennent pas mettre obstacle à ce procédé de purification. Les nez anglais devront cependant prendre encore un peu de patience.

LETTRE LXXI.

Les nouveaux Romanciers et leurs Ouvrages. — Ils sont plus estimés en Angleterre qu'en France. — *La Peau de Chagrin.*

Il n'y a pas long-temps qu'en vous parlant des modernes ouvrages d'imagination composés en France, j'avouai la grande et irrésistible admiration que m'avait inspirée le talent supérieur qui se déploie dans quelques-uns de ceux qui portent la signature de George Sand; et je me rappelle que l'observation que je fis à ce sujet m'entraîna si loin que je n'eus pas le temps de protester, comme il est du devoir de toutes les ames chrétiennes de le faire, contre les productions ordinaires des modernes conteurs français du second ordre. Il faut donc que je fasse en ce moment amende honorable à la cause de la morale et de la vérité; et que je déclare en toute sincérité que rien ne me paraît plus méprisable, et même plus dangereux pour la vertu, que les productions de ces écrivains dépourvus de principes.

Causant il y a quelque temps sur ces nuisibles insectes avec un littérateur que sa position met souvent en contact avec eux, il traça pour mon édification une esquisse que je pouvais regarder, me dit-il, comme le portrait plus ou moins ressemblant de tous les membres de cette confrérie. Ce tableau perdra malheureusement de son énergie et de son originalité si je vous le rends traduit et de mémoire; mais je me flatte de pouvoir lui conserver assez de ressemblance pour que vous me sachiez gré de l'avoir reproduit.

« Ces écrivains, me dit leur spirituel historien, pullulent *au sixième* dans tous les quartiers de Paris. Ce sont pour la plupart des écoliers oisifs qui, dégoûtés du travail nécessaire pour perfectionner leur éducation, veulent arriver au temple de la gloire par un chemin plus court. Parfois aussi ce sont de jeunes artisans ou des apprentis de quelque métier qui leur rapporte tout juste assez pour se procurer une honnête existence, mais non pour satisfaire aux sublimes exigences de l'ambition révolutionnaire. Il règne dans la politique de ces messieurs un accord aussi parfait que dans leur doctrine de morale. Il sont toujours prêts à se révolter à la première occasion favorable contre le monarque, quel qu'il soit. Il leur importe peu que ce monarque s'appelle Louis, Charles, Henri ou Philippe; car la révolte contre toute autorité constituée et reconnue est à leurs yeux le premier des devoirs et le plus doux des plaisirs.

« Cependant comme ils sont obligés d'attendre que le moment convenable arrive, ils cherchent dans l'intervalle à améliorer autant que possible la situation dans laquelle la tyrannie des rois et des législateurs les a placés. Mais comment s'y prendre? Ecouteront-ils cette voix intérieure qui leur dit qu'étant absolument incapables de remplir les devoirs de la position sociale où il a plu à la Providence de les placer, il faut nécessairement et par la nature inévitable des choses qu'ils en trouvent une autre?... S'il en est ainsi quelle serait cette autre position?... Ce sera incontestablement la trahison et la rapine, quand le temps sera venu ; mais en attendant?

« Tracer sur des pages immortelles les brûlantes pensées qui les empêchent de travailler... apprendre au monde combien les sages qui ont vécu, qui ont parlé et qui reposent dans la tombe, ont proclamé de sottises... étouffer par la voix de la passion celle de la loi et de l'Évangile... oui... c'est ainsi qu'ils charmeront les longues heures qui doivent précéder une nouvelle révolution, et qu'ils gagneront par les nobles travaux du génie, le superflu refusé à la rampante industrie.

« La résolution une fois prise de se livrer à cette sublime occupation, il s'ensuit nécessairement qu'ils doivent commencer par réveiller ces tendres sympathies de la nature qui sont à l'imagination ce que l'huile est à la lampe. Ils choisissent une grisette favorite et l'invitent à partager la gloire, la soupe aux choux, l'inspiration et le grenier du noble ouvrier ou de l'écolier paresseux. On assure que cette classe d'écrivains professe, tout entière, une foi implicite dans cette maxime si poétique mais si fausse:

L'amour, léger comme l'air, à la vue des liens humains,
Étend ses brillantes ailes et s'envole aussitôt.

Le jeune inspiré insinue doucement ses idées de liberté à la belle qu'il a choisie, et qui se montre souvent aussi sublime que lui, surtout si elle a déjà vécu parmi ces intelligences si pleinement développées. En conséquence l'intéressant petit ménage se monte sur la base immortelle d'une liberté complète.

« Viennent ensuite les travaux littéraires et le monstre qu'ils produisent; c'est un volume tout brûlant d'amour et d'assassinats, de blasphèmes et de séduction, ou bien d'obscénités se cachant sous le léger voile de l'esprit. Rien de plus facile que de trouver un libraire pour imprimer l'ouvrage; car il sait où rencontrer à son tour les jeunes pratiques prêtes à acheter de pareils livres avec leurs derniers sous, et le marché se conclut.

« En voyant, en palpant les 300 francs inespérés, le torrent de l'inspiration acquiert de nouvelles forces. Des amours plus hideuses encore, de plus sanglans assassinats, de plus horribles blasphèmes et des maximes plus séditieuses, suivent les premiers. Et c'est ainsi que la belle capitale de la France est approvisionnée d'alimens intellectuels pour la partie la plus utile et la plus productive de sa population.

« Faut-il s'étonner après cela que la Morgue ne soit jamais vide, et que la main du tendre amour allume le réchaud dont la vapeur mortelle doit bientôt éteindre l'existence d'une victime chérie dont la vie est trop précieuse pour être prolongée dans un monde où les hommes et même les femmes ne gagnent leur subsistance qu'à la sueur de leur front ».

Ce fut quelque temps après l'entretien dans lequel j'entendis tracer cette esquisse que je me trouvai par hasard dans la société d'un Anglais qui a la réputation de posséder de grands talens et des connaissances variées; et il est certain que sa conversation se distingue par cette espèce d'éclat que produit l'opinion que l'hyperbole est l'ame de l'éloquence et que la défense hardie d'un paradoxe est la preuve la plus ardente d'une grande force d'intelligence.

Je ne vous dirai pas que j'aie causé avec cette personne; cela ne serait point exact; mais je l'ai écoutée, et son discours m'a confirmé ce qui m'avait déjà plusieurs fois été répété depuis que je suis ici : savoir, que l'école *décousue* de la France moderne jouit de plus d'estime auprès des critiques d'un rang distingué en Angleterre qu'en France.

Avez-vous lu les ouvrages des jeunes gens de France? Telle fut la question un peu vague par laquelle s'ouvrit le torrent de cette éloquence qui avait pris pour tâche de démontrer qu'à moins d'avoir étudié à fond les compositions hardies et sublimes publiées par cette classe d'écrivains, on ne pouvait prétendre juger de l'état actuel de l'intelligence humaine.

Quant à moi, j'avoue que quoique mes lectures en ce genre aient été plus nombreuses que je ne l'aurais voulu pour le plaisir qu'elles m'ont procuré, elles n'ont en aucune façon mérité le titre d'étude, et à dire vrai, si j'avais voulu me former une idée de l'état actuel de l'intelligence humaine, je ne sais si je n'aurais pas plutôt pensé à calculer la hauteur à laquelle les enfans de Paris font monter leurs cerfs-volans du sommet de Montmartre qu'à étudier de semblables compositions littéraires. J'ai toutefois prêté une oreille attentive à ce que cette personne me dit, et je serai trop heureuse si ma mémoire est assez fidèle pour me permettre de vous répéter toutes les belles choses qu'il a débitées à la louange d'une multitude d'auteurs dont il est probable que vous n'avez jamais entendu parler et d'ouvrages que, selon toute apparence, vous ne verrez jamais.

Mais il me serait bien difficile de vous donner même une idée de l'énergie et de l'enthousiasme qu'il manifesta sur ce sujet. Ses yeux lui sortaient presque de la tête, et son front se couvrait de rougeur, toutes les fois qu'un d'entre nous se permettait d'élever le moindre doute sur la pureté et l'élégance classique de la plupart de ces ouvrages et sur la haute utilité morale qu'ils offraient.

Chacun sait que l'on se met rarement en colère quand on a parfaitement raison, et je crois qu'il est également rare de voir déployer un aussi grand excès de véhémence que cette personne en mit à défendre l'esprit de ses auteurs favoris quand on a la raison et la vérité complètement pour soi. Je n'ai jamais vu les veines du front s'enfler chez ceux qui cherchaient à prouver que *Hamlet* est une belle tragédie, ou *Ivanhoe* un admirable roman. Cette fois tous les auditeurs furent réduits au silence par le plaidoyer passionné de cet avocat des modernes *historiettes* françaises.

Dans le cours de la discussion, on cita plusieurs *jeunes* noms, et comme on attaqua la réputation littéraire de quelques-uns d'entre eux, le critique résolut tout à coup d'abandonner tous ces légers combats et de prendre un champ de bataille plus vaste sous la célèbre bannière de M. de Balzac lui-même.

J'avouerai qu'alors son avantage sur moi fut complet; car je n'avais qu'une connaissance très superficielle des écrits de cet auteur, tandis que mon adversaire me parut en avoir étudié chaque ligne avec un respect qui tenait en quelque sorte d'un culte religieux. Au nombre des ouvrages qu'il cita avec enthousiasme, *la Peau de Chagrin* fut celui qui lui inspira les expressions de la plus brûlante éloquence. Jamais je n'avais entendu exprimer avec autant de force le plaisir et l'admiration, et comme je n'avais jamais lu une seule ligne de cette *Peau de Chagrin*, mes préventions contre les ouvrages de M. de Balzac cédèrent, je l'avoue, à son enthousiasme. Je résolus en secret de me procurer ce livre le plus tôt possible, et je me sentis convaincue que j'y trouverais en effet quelques traits extraordinaires de génie et une perfection de sentimens naturels et de profonde sensibilité qui ne manqueraient pas de me procurer des jouissances intellectuelles, quelque blâmables que je pusse trouver d'ailleurs ses principes ou sa tendance morale.

Dès le lendemain matin j'envoyai donc chercher *la Peau de Chagrin*... Je n'ai aucun désir, aucune intention d'en examiner ici la morale. Il ne serait guère possible, je pense, d'employer le temps d'une façon moins profitable; mais comme il est d'usage que, dans sa préface, un auteur parle en son propre nom, c'est là que l'on doit chercher des témoignages irrécusables de ses opinions. Je prendrai donc la liberté de transcrire quelques passages peu étendus de la préface de M. de Balzac, afin d'attirer votre attention sur la théorie qu'il veut prendre pour fondement de sa réputation littéraire.

La préface de *la Peau de Chagrin* paraît avoir été écrite principalement pour excuser la licence d'un précédent ouvrage intitulé *la Physiologie du Mariage*. En parlant de cet ouvrage, il dit avec assez de franchise qu'il a été écrit comme « une tentative faite pour re-
« tourner à la littérature fine, vive, railleuse et
« gaie, du dix-huitième siècle où les auteurs ne
« se tenaient pas toujours droits et raides...
« L'auteur de ce livre cherche à favoriser la réac-
« tion littéraire que préparent certains bons
« esprits... Il ne comprend pas la pruderie, l'hy-
« pocrisie de nos mœurs, et refuse du reste aux
« gens blasés le droit d'être difficiles. »

C'est là sans doute dire assez clairement à ses lecteurs à quoi ils doivent s'attendre, et si après cela ils persistent à se jeter tête baissée dans la boue, dont la civilisation croissante cherche depuis un siècle à nous tirer, à la bonne heure.

Comme une raison de plus pour laquelle sa plume a fait ce qu'elle a fait, M. de Balzac nous dit qu'il est absolument nécessaire de composer quelque chose dans un *genre* qui ne ressemble à rien de ce que le public s'est accoutumé à voir depuis quelque temps. Il dit que le monde lisant, c'est-à-dire au fait le monde entier, « est las aujourd'hui » de divers styles de compositions qu'il énumère, ajoutant en définitive « et l'histoire de France Walter Scottisée... que « nous reste-t-il donc, » puis il continue : « si « le public condamne les efforts des écrivains « qui essaient de remettre en honneur la litté- « rature franche de nos ancêtres...? »

Qu'il me soit permis de citer encore le passage suivant comme une preuve de plus des théories de ces nouveaux immortels :

« Si *Polyeucte* n'existait pas, plus d'un poète « moderne serait capable de *refaire* Corneille. »

Il dit encore comme une raison pour retourner au ton de littérature qu'il a choisi.

« Les auteurs ont souvent raison dans leurs
« impertinences contre le temps présent. Le
« monde nous demande de belles peintures;
« où en seraient les types? vos habits mesquins,
« vos révolutions manquées, vos bourgeois
« discoureurs, votre religion morte, vos pou-
« voirs éteints, vos rois en demi-solde, sont-
« ils donc si poétiques qu'il faille vous les trans-
« figurer? Nous ne pouvons aujourd'hui que
« nous moquer; la raillerie est toute la littéra-
« ture des sociétés expirantes. »

M. de Balzac termine ainsi ce curieux essai sur la littérature moderne :

« Enfin le temps présent marche si vite, la
« vie intellectuelle déborde partout avec tant
« de force, que plusieurs idées ont vieilli pen-
« dant que l'auteur imprimait son ouvrage. »

Cette dernière phrase est admirable et donne l'idée la plus juste et la plus claire des notions de cette école sur la composition, que j'aie jamais rencontrée. Figurez-vous Shakespeare et Spenser, Swift et Pope, Voltaire et Rousseau, publiant un ouvrage précédé d'une semblable apologie! Mais M. de Balzac a bien raison. Les idées qui naissent aujourd'hui seront vieilles demain, mortes et enterrées le jour d'après. Je serais réellement fâchée de différer d'opinion avec lui sur ce point : car c'est en cela que consiste la seule consolation que la sagesse de l'homme puisse suggérer dans la douleur que l'on éprouve en considérant la perversion sans exemple de l'entendement humain qui marque le temps où nous vivons. *Cela ne durera pas.* Le bon sens reprendra ses droits, et nos enfans apprendront à rire de ces efforts convulsifs pour paraître grand et original, à en rire aussi cordialement que Cervantes des ridicules de la chevalerie errante, qui avaient fait perdre la raison à son héros.

LETTRE LXXII.

Préparatifs de départ. — Dernière soirée à l'Abbaye-aux-Bois. — M. Lafon. — Épître de Casimir Delavigne aux habitans de Rouen. — L'Orage.

———

Il est temps, ma chère amie, que ma correspondance de Paris prenne fin, et je suis sûre que vous êtes d'avis qu'elle ne s'est que trop prolongée. Le soleil d'été monte si haut sur l'horizon, que ses rayons perpendiculaires commencent à chasser de Paris toutes les personnes à la mode. L'une va d'un côté, l'autre de l'autre; celles-ci vont se baigner dans les flots de la mer, celles-là méditer à l'ombre de leurs propres vignes, et quelques-unes, les plus heureuses de toutes, se préparent à visiter les eaux enchanteresses de l'aimable Allemagne.

Et nous aussi nous avons enfin fixé le jour

de notre départ, et cette lettre sera par conséquent irrévocablement la dernière que je vous écrirai de la belle capitale de la grande nation.

C'est une circonstance heureuse pour notre sensibilité ou pour notre amour du plaisir, ou en un mot pour les divers sentimens qui en se réunissant forment la pénible émotion que produisent les adieux que l'on fait à des lieux où l'on a éprouvé beaucoup de bonheur; c'est, dis-je, une circonstance heureuse pour nous que la plupart des personnes qui rendaient le séjour de Paris délicieux s'apprêtent comme nous à le quitter. Un mois plus tôt notre départ eût été bien plus pénible.

Nous avons passé notre dernière soirée à l'Abbaye-aux-Bois, et quoique je vous y aie déjà souvent conduite, je ne puis m'empêcher de vous décrire encore cette visite; car la manière dont nous y avons passé le temps a été plus anti-anglaise que dans aucune autre.

Il y a environ dix jours, nous avions rencontré, à l'une des délicieuses soirées de réception de madame Récamier, un M. Lafon, acteur tragique d'un mérite si distingué que l'on m'assure que, même du temps de Talma, il avait acquis une grande réputation à Paris, quoique je ne pense pas que son nom soit fort connu en Angleterre. La renommée de Talma éclipsait tellement toutes les autres, qu'il est au fait le seul acteur de son temps dont le souvenir se soit conservé chez nous.

Dans la soirée où nous vîmes M. Lafon, il voulut bien, à la prière de notre charmante hôtesse, à qui personne, je pense, ne saurait avoir le courage de rien refuser, réciter une épître adressée par M. Casimir Delavigne aux habitans de Rouen, et que M. Lafon avait prononcée sur le théâtre de cette ville à l'occasion de l'inauguration de la statue de Corneille, qui était Rouennais.

Les vers étaient beaux, pleins de feu, de vivacité et de véritable sentiment poétique ; et la manière dont ils furent débités par M. Lafon en fit bien ressortir toutes les beautés. La scène dont je faisais partie était réellement frappante. Un cercle de femmes élégantes, au nombre desquelles se trouvait une nièce de Napoléon, entouraient le récitant. Les hommes étaient réunis en groupes derrière les femmes, pendant que la figure inspirée de la Corinne de Gérard, à qui la disposition pleine d'art des quinquets cachés aux yeux des spectateurs donnait un relief extraordinaire, semblait être la déesse de la poésie placée à part dans une atmosphère qui lui était propre, atmosphère brillante d'une lumière dorée, du sein de laquelle elle prêtait avec plaisir l'oreille aux éloges prodigués à l'un de ses enfans les plus chers.

J'éprouvais une satisfaction extrême, et madame Récamier, qui remarqua le plaisir que me faisait cette déclamation, me proposa de venir un autre jour chez elle pour entendre M. Lafon lire une tragédie de Racine.

Aucune proposition n'aurait pu m'être plus agréable que celle-là, et la partie fut sur-le-champ arrangée. M. Lafon promit de s'y trouver ponctuellement à l'heure indiquée, et nous rentrâmes à la maison charmées de l'idée que la dernière soirée que nous devions passer à Paris s'écoulerait d'une façon si délicieuse.

C'était celle d'hier qui avait été fixée pour cette partie. La matinée avait été belle; mais l'air était lourd et calme et la chaleur excessive. A mesure que la journée avançait, d'épais nuages vinrent nous servir d'abri contre le soleil, pendant que nous allâmes faire quelques visites d'adieu ; mais ces nuages n'amenèrent point de fraîcheur, et leur ombrage lugubre ne nous procura qu'un bien faible soulagement dans la chaleur qui nous oppressait. Il semblait même au contraire que l'atmosphère en devenait plus lourde et plus étouffante, et nous fûmes à la fin forcés de rentrer chez nous par la profonde obscurité qui enveloppait tous les objets et qui nous annonçait qu'un orage était infaillible.

Ce ne fut pourtant qu'à une heure assez avancée de la soirée que toute la fureur du déluge vint inonder Paris qu'il menaçait depuis plusieurs heures. Vers neuf heures on eût dit que les eaux supérieures avaient rompu leurs digues, tant furent violens les torrens de pluie qui tombaient sur les toits.

Ce ne fut pas sans une vive inquiétude que nous prêtions l'oreille au bruit de l'orage : car notre pensée était fixée à la visite que nous devions faire à l'Abbaye-aux-Bois. Nous donnâmes ordre sur-le-champ d'envoyer le garçon du portier, petit personnage hardi et intelligent, pour nous chercher un fiacre; mais je vous laisse à penser la mine que nous fîmes quand on vint nous apporter la nouvelle qu'il n'y avait pas une seule voiture sur la place

Après nous être consultés pendant quelques momens, il fut décidé que le portier serait humblement prié de vouloir bien courir le risque de se noyer d'un côté, tandis que son satellite s'exposerait au même danger d'un autre. Cette résolution prompte et courageuse produisit à la fin l'effet désiré, et après une demi-heure d'inquiétude de plus, nous eûmes l'inexprimable bonheur de nous trouver assis, bien enveloppées dans nos manteaux, aux coins d'une de ces curieuses balançoires, le mouvement desquelles on n'apprend qu'à la longue à supporter sans perdre son équilibre, et sans courir perpétuellement le risque de heurter sa tête contre celle de son voisin de face.

Je n'avais jamais encore quitté l'abri d'un toit hospitalier dans une nuit aussi horrible. La pluie frappait l'impériale de notre voiture, comme si elle eût été furieuse de l'opposition qu'elle rencontrait avant d'arriver à terre. Le roulement du tonnerre se faisait entendre plus fort que celui des voitures que nous rencontrions, ainsi que de la nôtre, et les éclairs se suivaient avec tant de rapidité et d'éclat, que la boue même que nous traversions paraissait être illuminée.

L'effet de cet orage était magnifique pendant que nous passions sur le Pont-Neuf. Un moment nous étions enveloppés dans l'obscurité la plus profonde, et le moment d'après les vieilles tours de Notre-Dame, les toits pointus du Palais de Justice et les flèches hardies de Saint-Jacques, paraissaient et disparaissaient en un clin d'œil. Un éclair bleuâtre tomba en plein sur la noble figure de Henri IV, et la *statua gentilissima*, cavalier et cheval, représenta parfaitement celle du Commandeur.

Nous arrivâmes enfin à la grille de la vénérable abbaye. La vaste cour était remplie de voitures; nous comprîmes que nous étions en retard et nous nous hâtâmes de monter le bel escalier. Un moment encore, et nous nous trouvâmes au milieu d'une scène aussi différente que possible de celle que nous venions de quitter. Nous sortions des ténèbres et nous entrions dans un torrent de lumière; la pluie et le mugissement du vent avaient fait place à des sourires et d'aimables saluts; et le bruit du tonnerre à la douce voix de madame Récamier, qui nous disait que M. Lafon n'était pas encore arrivé.

La société étant nombreuse, nous fûmes introduits dans le beau salon de miss C****. Il était déjà presque plein; mais ses majestueuses portes de couvent continuaient à s'ouvrir de temps en temps pour admettre de nouveaux arrivés; cependant M. Lafon ne se présentait point.

A la fin, quand le désappointement commençait à prendre la place de l'attente, un billet du tragédien fut remis à madame Récamier. Il disait que le déluge de pluie qui tombait, rendait également impossible et de venir à pied et de trouver une voiture, et que par conséquent nous n'aurions ni M. Lafon ni Racine.

Un pareil désappointement n'est pas difficile à supporter à l'Abbaye-aux-Bois. Aussi madame Récamier en parut seule chagrinée, et quelque admirable que soit le talent de M. Lafon pour la lecture, je suis convaincue que l'idée qu'elle était fâchée de ce qu'il ne viendrait point, causa beaucoup plus de regret à la société que n'aurait pu le faire la perte d'une douzaine de tragédies; et ce fut alors que brilla dans tout son éclat le véritable esprit d'amabilité française. Afin de faire oublier, autant que possible, ce qu'il pouvait y avoir de désagréable dans ce changement des plaisirs projetés de la soirée, un des messieurs offrit obligeamment de réciter une pièce de vers de sa composition; et le mérite du poëme, ainsi que la manière dont il le débita, contribuèrent à dissiper tous les restes de regrets qui pouvaient subsister encore dans l'esprit de quelques-uns d'entre nous.

Son exemple fut immédiatement suivi par une autre personne de la société, qui nous donna à la fois des preuves de son talent pour la poésie, ainsi que de cette charmante aménité nationale dans les manières, qui sait si bien adoucir et effacer toutes les aspérités que des accidens peuvent et doivent par momens faire naître sur le sentier de la vie.

Une des pièces que l'on récita fut une légende fort intéressante, intitulée, je crois, *les Sœurs Grises*, où se trouve la description touchante d'une femme dont le caractère est un composé de douceur, de bonté et de grâce. Pendant que le poète traçait l'un après l'autre les traits de ce caractère, tous les yeux se tournèrent involontairement vers madame Récamier, et la duchesse d'Abrantès, à côté de qui j'étais placée, faisant un léger mouvement de la main dans la même direction, dit à demi-voix :

« C'est bien elle. »

A tout prendre, d'après cela, notre désappointement ne fut que légèrement senti, et quand nous nous levâmes pour quitter pour la dernière fois cette délicieuse abbaye, le seul regret que nous éprouvâmes fut de songer combien il était douteux que nous nous retrouvassions jamais de nouveau dans ses murs vénérables.

POSTSCRIPTUM.

Les lettres qui viennent d'être présentées au public ne contiennent que des notes prises en passant sur les objets qui ont principalement fixé mon attention pendant neuf semaines que j'ai passées agréablement au sein des plaisirs de Paris, de ces plaisirs qui font oublier les soins de la vie.

J'aurais de la peine à dire ce qu'elles contiennent, car quoique j'aie désiré donner à la personne à qui j'écrivais une idée aussi juste que possible de Paris tel qu'il est aujourd'hui, j'ai voulu éviter tout ce qui pouvait ressembler au projet présomptueux de lui présenter en détail l'histoire de ce qui s'y est passé pendant mon séjour.

C'est donc à dessein que j'ai mis dans ces lettres le moins de liaison qu'il m'a été possible.

J'y ai été *décousue* par principe, car j'aurais préféré tenir un journal régulier de toutes les diligences qui sont entrées dans la belle ville et qui en sont sorties, plutôt que de chercher à analyser et à définir les nombreuses et inintelligibles incongruités qui m'ont paru caractériser à la fois les hommes et le siècle.

Mais quoique je me sentisse absolument incapable d'examiner sous un aspect philosophique ce sujet si fécond, et de pénétrer au-delà de la surface des objets qui m'environnaient, je dois avouer cependant que cette incongruité même, que je ne prétends pas analyser, m'a paru être le trait le plus remarquable de l'état actuel du pays.

Je sais que l'on a de tout temps attribué quelque chose qui s'en approche au caractère français. On a trouvé en France la splendeur et la misère, les grâces et les grimaces, la délicatesse et la malpropreté, l'instruction et la folie, la science et la frivolité, dans une union intime qui n'existe nulle autre part; mais cette union est devenue bien plus évidente depuis quelque temps; ou, pour mieux dire, cette inconséquence a paru embrasser des objets de plus d'importance qu'autrefois. Jadis, quoiqu'on la soupçonnât souvent d'exister dans les matières graves, elle ne se rencontrait ouvertement que dans des points qui concernaient seulement l'extérieur de la société, et non les intérêts vitaux du pays; mais par suite de l'abolition de la contrainte que les anciennes lois, les anciennes coutumes, l'ancienne autorité, imposaient aux actes publics du peuple, l'inconstance de caractère, qui autrefois ne se manifestait qu'en des sujets que l'on pouvait comparativement appeler des bagatelles, se reconnaît sans peine aujourd'hui dans des choses d'un intérêt bien plus élevé.

Il n'y a personne, je crois, à quelque parti politique qu'il appartienne, qui soit tenté de nier que des choses qui par leur nature sembleraient devoir être incompatibles, ont existé en dernier lieu à Paris à côté l'une de l'autre, d'une manière dont les autres pays du monde n'ont jamais offert d'exemple.

Quand je rencontrais des preuves de ce que je viens de dire, j'éprouvais parfois la sensation d'une personne qui passe derrière les coulisses d'un théâtre et y voit tous les décors et les costumes préparés pour les dernières pièces qui devront être représentées. Ici une couronne, là, un bonnet de la liberté; d'un côté, un manteau fleurdelisé, de l'autre, un drapeau tricolore; dans un coin, tous les ornemens du culte catholique, dans un autre, les symboles de la croyance des Juifs, des Turcs et des hérétiques de tous genres. A côté des nobles préparatifs d'un grand spectacle militaire, les jolis types d'une paix éternelle.

J'ai vu tout cela, car il était impossible de ne pas le voir; mais quant aux garçons de théâtre et aux machinistes qui devaient mettre en mouvement les divers tableaux, je ne les ai point reconnus. Les trappes, les fils d'archal et le reste des machines demeuraient invisibles à des yeux comme les miens, et c'était fort sage: car si je les avais découverts j'aurais tout dit, ce qui aurait beaucoup nui à l'effet du prochain changement à vue que l'on nous prépare.

C'est dans ces sentimens, dans cet esprit d'observation purement superficiel que les lettres qu'on vient de lire ont été écrites, mais avant de les envoyer à la presse, je désire ajouter quelques pensées plus graves, qui reposent sur mon esprit, comme le résultat de tout ce que j'ai vu et entendu pendant que j'étais à Paris, et qui se lient aux grands changemens qui ont eu lieu depuis mon départ.

« Le pays est dans un état de transition »; c'est là une phrase que j'ai souvent entendu répéter, et dont j'ai tout aussi souvent été tentée de rire, comme étant une sorte d'interprétation en style d'oracle de certains paradoxes auxquels en réalité personne n'entendait rien. Mais aujourd'hui cette phrase ne conserve plus sa mystérieuse obscurité. La France était en effet dans un état de transition au moment où j'écrivais; mais cette situation est maintenant passée, toutes les embarrassantes anomalies si difficiles à expliquer ont disparu, et il peut être permis aujourd'hui à l'étranger qui ne prétend point être sorcier, de deviner ce que la France veut et où elle va.

En rentrant dans ce pays, j'étais animée de cette sensation de plaisir que fait naître l'espérance de renouveler d'anciennes et d'agréables impressions : mais ce plaisir était toutefois obscurci par le sentiment de regret qu'un *conservateur* anglais ne pouvait manquer d'éprouver à la pensée de la violence populaire par laquelle le monarque légitime avait été renversé de son trône.

Sous le rapport de la question abstraite du juste et de l'injuste, mon opinion sur cet acte ne saurait changer; mais la chose est faite; la France a voulu mettre de côté les prétentions des princes à qui la couronne appartenait par droit héréditaire, et la transporter à un autre prince de la même dynastie royale, prince qu'elle regardait comme plus capable d'assurer la prospérité du pays. La chose est faite, et le bien-être de tant de milllions d'individus qui n'y ont pris aucune part, dépend aujourd'hui du maintien de la tranquillité qui a suivi le changement.

Quelque profond que puisse être d'après cela le respect que l'on éprouve pour ceux qui, après avoir juré fidélité à Charles X, continuent fermement à soutenir ses droits et à refuser de reconnaître tout autre souverain, l'étranger qui ne séjourne que passagèrement en France, doit pouvoir déclarer qu'à son avis la prospérité du pays dépend de la foi qu'il gardera au roi qu'il a choisi, sans pour cela que cet étranger puisse être accusé de défendre la cause de la révolution.

Pour bien juger la France telle qu'elle est en ce moment, il est absolument nécessaire de perdre toute mémoire de la conduite plus noble qu'elle aurait pu tenir il y a cinq ans, si elle s'était contentée de défendre sa charte avec modération afin d'obtenir le redressement des griefs existans. La clameur populaire qui s'éleva, bien qu'elle dût son origine à de factieux démagogues et à des enfans oisifs, laissa pourtant le nouveau pouvoir qu'elle institua dans les mains d'hommes capables de tirer le beau pays qu'ils étaient appelés à gouverner, de l'état de faiblesse et de dislocation dans lequel ils l'avaient trouvé. La tâche était à la fois difficile et périlleuse; mais chaque jour qui s'écoule augmente l'espoir qu'après quarante ans d'une politique alternativement faible et turbulente, après des changemens si fréquens qu'ils ont rendu ridicule jusqu'au mot de révolution, ce superbe royaume, si long-temps notre rival et maintenant notre plus sûr allié, établira son gouvernement sur une base assez ferme pour renforcer la cause de l'ordre social et du bonheur de toute l'Europe.

Ces jours sont passés, grâce au ciel, où les Anglais mettaient leur patriotisme à refuser à leurs voisins les Gaulois toute autre faculté que celle de faire une révérence et de manger une grenouille, tandis qu'on leur répondait par la grave satire comprise dans les mots expressifs de *John Bull*. Maintenant nous nous connaissons mieux mutuellement. Le combat a été long, et nous nous serrons la main, d'un côté de la Manche à l'autre, avec toute la bienveillance, tout le respect qu'éprouvent deux rivaux qui ont lutté avec courage et qui ont fini par une sincère réconciliation.

La position, l'avenir, la prospérité de la France sont devenus des sujets du plus haut intérêt pour la nation anglaise, et c'est pour cette raison que les observations d'une personne qui en arrive, ne sont pas sans quelque importance quoique tirées seulement de la surface des choses.

Mais en quel temps la surface des affaires humaines présenta-t-elle un aspect aussi intéressant? Maintenant que tant de circonstances qui paraissaient embarrassantes et inexplicables ont été interprétées par les évènemens inattendus qui se sont suivis avec tant de promptitude, je sens que je viens d'assister au dénouement d'un des drames politiques les plus attachans qui aient jamais été représentés.

La conduite de Louis-Philippe ressemble à celle d'un écuyer hardi qui vient de monter un cheval ombrageux, bien décidé à ne point vider la selle. Dans les premiers moment, il montrait à la vérité moins d'assurance, un palefrenier lui tenait les étriers, un autre les rênes; il ne savait jusqu'où il pourrait aller; le temps était orageux; qui pouvait savoir si son cheval ne le jetterait pas sur-le-champ par terre? Bientôt cependant le soleil perça les nuages menaçans; voici le moment: il faut risquer le tout pour le tout; il fait serrer les sangles, bien placer la gourmette, il prend en main les rênes avec fermeté et part! Puisse sa course être prospère! car s'il tombe, nul ne sait comment la poussière que sa chute occasionnera, parviendra à s'apaiser.

L'intérêt que sa position excite produit une sorte de sentiment romanesque que l'on peut comparer à celui qu'éprouvaient autrefois les spectateurs d'un tournoi, lorsqu'ils attendaient le résultat d'un *combat à outrance*. Mais ce qui est bien plus intéressant encore, c'est de voir de près les vœux et les espérances du grand peuple qui a remis ses destinées dans ses mains.

Rien de ce qui se passe à Paris, dans la Chambre des Députés, dans la Chambre des Pairs, ou même dans le cabinet du roi, n'aurait pu me toucher plus vivement, ou me donner la moitié autant de plaisir, que la manière dont j'ai entendu les hommes les plus distingués de la France parler des révolutions et des changemens multipliés qui ont eu lieu dans son gouvernement.

Ce n'est pas dans de rares occasions que je les ai entendus parler ainsi; je puis même dire que j'ai entendu exprimer unanimement ces sentimens par toutes les personnes de qui les opinions méritent de fixer l'attention. Je sais pourtant à peine comment les décrire; ce n'est point en répétant des phrases et des observations isolées. En voici à peu près le résumé. Ces hommes paraissent convaincus que ces fréquens changemens ne font point d'honneur à une nation; ils rougissent en quelque façon d'en parler gravement, et pourtant ce n'est qu'avec regret qu'ils s'expriment avec légèreté ou mépris sur une patrie qu'ils aiment. Je suis parfaitement sûre que les hommes dont je parle aiment leur pays d'un attachement tout-à-fait romain, et il m'était impossible de douter de leur patriotisme quand je les entendais raisonner sur les causes, déplorer les effets et demander au ciel de prévenir le retour de ces convulsions cruelles et dévastatrices.

C'est, si je ne me trompe, ce noble désir d'empêcher que leur pays ne donne encore au monde le honteux spectacle de cette perpétuelle inconstance, qui contribuera à maintenir Louis-Philippe sur son trône, autant et plus peut-être que l'énergie nouvellement réveillée en faveur des *Boutiques* et de la *Bourse* dont nous avons tant entendu parler.

Il n'est nullement surprenant que ce sentiment fier, mais vertueux, existe encore malgré tout ce qui aurait dû l'étouffer ou le glacer. Il y a bien des choses dont les Français peuvent encore à bon droit s'enorgueillir. Malgré des guerres extérieures et des commotions intestines d'une force et d'une durée extraordinaires, les Français ne sont restés en arrière des nations les plus favorisées de l'Europe dans aucun des avantages qui de tout temps ont été considérés comme les principaux bienfaits de la paix. Quoique leurs efforts et leurs combats aient été terribles, la marche de la science n'a jamais été chancelante; les beaux-arts ont été cultivés avec un zèle qui ne s'est jamais relâché, même dans le temps où chaque citoyen était soldat; et aujourd'hui que le ciel leur accorde le temps de respirer, ils présentent le spectacle d'une industrie croissante, d'une activité progressive et d'une énergie prospère que de tous les pays de l'Europe, l'Angleterre seule, je crois, peut se flatter d'égaler.

Faut-il d'après cela nous étonner que la nation soit disposée à se rallier autour d'un prince que le sort paraît lui avoir envoyé tout exprès pour lui servir d'ancre de salut au sein des flots que les dernières tempêtes ont soulevés et qui ne se sont point encore apaisés? Faut-il s'étonner que des sentimens et même des principes ploient devant une influence si salutaire et si forte?

Quelque irrégulière que soit la manière dont Louis-Philippe est arrivé au trône, il n'a fait au fond que céder à la voix du parti triomphant qui le sommait de monter à cette étourdissante élévation; et dans ce moment il aurait pu s'écrier:

« Si le hasard veut que je sois roi, le hasard peut me couronner sans que je m'en mêle. »

Certes, jamais évènement arrivé par le tumulte et la confusion n'a offert de plus justes espérances de produire éventuellement le contraire que l'avénement du roi Louis-Philippe au trône de France.

La manière dont cet évènement si inattendu est arrivé, les scènes qui y ont donné lieu, ainsi que la situation des partis et des sentimens qui l'ont suivi, tout offrait un caractère de trouble et de confusion qui menaçait le pays de tous les maux imaginables.

Quand nous reportons nos regards vers cette époque, tout ce qui s'y est passé ressemble aux fragmens de laine mal assortis sur le revers d'une tapisserie. Personne, pas même les acteurs, ne pouvait deviner quel serait le résultat définitif de ce qui se faisait ; mais chacun travaillait sur un dessin tracé par une main toute-puissante, et quoique pendant l'opération les assistans ne comprennent rien à ce qu'ils voient, il paraît que, quand l'ouvrage sera terminé, l'effet en sera excellent.

En attendant, les élémens incohérens du chaos d'où ce nouvel ordre de choses devait sortir, par des degrés lents et journaliers, étaient encore dans l'état du plus beau désordre pendant notre séjour à Paris. Il était impossible de deviner où tendaient toutes les choses qui étaient en mouvement autour de nous, et les signes du temps étaient souvent si contradictoires qu'il ne restait à ceux qui venaient regarder le pays qu'à le contempler, à s'étonner, et à passer leur chemin sans essayer même de concilier des contradictions si inintelligibles.

Mais dans le peu de temps qui s'est écoulé depuis que j'ai quitté la capitale de la France, cette obscurité s'est dissipée comme un brouillard. C'est l'explosion de la machine infernale qui l'a dispersée, et la lumière du ciel brille aujourd'hui sur le pays, montrant à tout le monde sur quel fondement reposent ses espérances et par quels moyens elles doivent se réaliser.

Jamais peut-être attentat, même couronné de succès, contre la vie d'un homme, n'a produit des résultats aussi importans que ceux qui probablement découleront de l'atroce complot tramé contre le roi des Français et ses fils. Il a réveillé la nation tout entière comme le son du clairon. Les indifférens, les douteux, les adversaires eux-mêmes sont maintenant liés ensemble par un sentiment commun. Un assassin a levé contre la France une main audacieuse, et la France en un instant a pris une attitude si ferme, si noble, si puissante, que tous ses ennemis doivent trembler devant elle.

Quant à la misérable faction qui a guidé le bras de cet agent de sang, elle est maintenant placée aux yeux de tous les hommes dans son véritable point de vue. Des natures nobles et élevées peuvent parfois faire de faux raisonnemens; elles peuvent prendre la mauvaise cause pour la bonne; mais si leur jugement les induit en erreur, il ne les porte point au crime. De pareils hommes n'ont rien de commun avec les républicains de 1835.

Dès l'origine de leur existence comme parti, ces républicains se sont confessés les ennemis irréconciliables de tout pouvoir constitué; l'ordre social et ceux qui le maintenaient leur sont en horreur; ni l'honneur, ni la conscience, ni l'humanité, ne peuvent les empêcher de commettre les crimes les plus hideux quand il s'agit de renverser cet ordre social. Les honnêtes gens de toutes les nuances d'opinions politiques doivent s'accorder pour regarder cette faction effrénée comme l'ennemie commune de tout le genre humain.

Toutes les fois qu'il est question de défendre les lois constitutives de la société, leurs bras s'élèvent contre tous les hommes, et la conséquence inévitable en est, et en doit être, que les bras de tous les hommes se tournent contre eux.

D'après cela, quelque déplorable qu'aient été les suites du complot Fieschi, il est probable qu'en définitive le résultat en sera d'un avantage important et durable pour la France. Il a donné de l'union et de la force à ses conseils, de l'énergie et de la hardiesse à ses actes; et si le ciel veut qu'il y ait un roi en état d'arrêter la contagion de l'insurrection et de la révolte, qui a infecté l'air de l'Europe de miasmes plus dangereux que la peste asiatique, c'est de France, où le mal a d'abord pris naissance, que le contre-poison sans doute nous viendra.

Ce sera en vain que des clameurs républicaines s'efforceront de stygmatiser les actes de la législature de France, en les peignant comme un usage illégal et tyrannique du pouvoir qu'elle a été forcée de s'arroger. Le système d'après lequel cette législature s'est engagée à agir est, par sa nature même, incompatible avec le pouvoir et l'ambition des individus. Ses actes sont peut-être absolus et il est bien temps qu'ils le deviennent; mais cet absolutisme ne sera pas celui d'un autocrate.

La théorie du gouvernement doctrinaire n'est pas aussi bien, ou du moins aussi généralement comprise qu'elle le sera avec le temps; mais chaque jour instruit davantage l'Europe, et soit que l'on approuve ou non les nouveaux principes sur lesquels il est fondé, on verra que son pouvoir repose sur ces principes, et non sur la volonté tyrannique d'un homme ou d'une réunion d'hommes, quels qu'ils soient.

Il est assez ordinaire d'entendre des personnes déclarer qu'elles ne voient aucune différence entre le parti du juste-milieu et celui des doctrinaires; mais ces personnes n'ont point écouté attentivement les argumens des deux partis.

Le parti du juste-milieu, si je l'ai bien compris, se compose de politiques dont les principes sont exactement conformes à la dénomination expressive qu'ils se sont choisie; ils ne veulent ni d'un pur despotisme, ni d'une démocratie pure, mais sont d'avis d'un gouvernement constitutionnel justement balancé, ayant pour chef un monarque.

Les doctrinaires indiquent d'une manière bien moins définie la forme de gouvernement qu'ils croient convenir à la France dans les circonstances actuelles. On pourrait même croire qu'ils sont à peu près indifférens sur la forme de ce gouvernement et sur le nom qu'il prendrait, pourvu que son chef, quel qu'il soit, ait le pouvoir d'adopter et d'exécuter les mesures vigoureuses que les circonstances exigeraient. Un gouvernement fondé sur ces principes ne peut s'engager à suivre aucune politique spéciale, et le pays doit mettre une confiance illimitée en ceux à qui ses intérêts sont confiés.

D'après ces principes, il est évident que la politique du pays, tant au dehors qu'au dedans, devra se régler d'après les circonstances où il sera placé, et non point d'après une théorie abstraite imposée par le nom que son gouvernement aura adopté. Ainsi le despotisme pourra naître d'une république, et la liberté être le bienfait d'une dynastie qui aura régné depuis des siècles, d'après le droit divin.

M. de Carné, écrivain politique, d'un grand talent, a publié un essai sur les partis et sur le *mouvement actuel*, dans lequel il tourne en ridicule, d'une manière à la fois mordante et spirituelle, l'idée qu'il puisse y avoir aujourd'hui en France des hommes qui s'intéressent sérieusement à une opinion abstraite en politique, quelle qu'elle soit.

« Croit-on bien sincèrement encore, dit-il,
« au mécanisme constitutionnel, à la multipli-
« cité de ses poids et contre-poids, à l'inviola-
« bilité sacrée de la pensée dirigeante, conciliée
« avec la responsabilité d'agens? »

Puis il dit encore :

« Est-il beaucoup d'esprits graves qui atta-
« chent aujourd'hui une importance de premier
« ordre, pour le bien-être moral et matériel de
« la race humaine, à la substitution d'une pré-
« sidence américaine à la royauté de 1830? »

Il est évident, d'après le ton qui règne dans cet intéressant essai, que le but de M. de Carné est de convaincre ses lecteurs de l'entière futilité de toute croyance politique fondée sur un

principe fixe et abstrait. « Quel est celui, de-
« mande-t-il, qui a établi en France un despo-
« tisme dont on ne trouve d'exemple qu'en
« remontant aux monarchies de l'Asie? Napo-
« léon, lequel régnait, comme le César romain,
« en vertu de la souveraineté du peuple. Qui a
« fondé, après tant d'impuissantes tentatives,
« une liberté sérieuse et l'a fait rentrer dans nos
« mœurs, au point de ne pouvoir plus lui ré-
« sister? La maison de Bourbon, qui régnait par
« le droit divin. »

En défendant le système qui consiste à remettre le droit, aussi bien que le pouvoir de gouverner un pays, aux mains de ses chefs, sans exiger d'eux l'engagement de se laisser guider dans leurs mesures par une sagesse plutôt théorique que pratique, M. de Carné naturellement rappelle le sien, c'est-à-dire celui des doctrinaires, et s'exprime ainsi :

« Cette disposition à chercher dans les cir-
« constances et dans la morale la seule règle
« d'action politique, a donné naissance à un
« parti qui s'est trop hâté de se produire, mais
« chez lequel il y a assez d'avenir pour résister

« à ses propres fautes. Il serait difficile d'en
« formuler le programme, si vaporeux encore,
« autrement qu'en disant qu'il s'attachait à
« substituer l'étude des lois de la richesse pu-
« blique aux spéculations constitutionnelles,
« dont le principal résultat est d'équilibrer sur
« le papier des forces qui se déplacent inévita-
« blement dans leur action. »

Il est sans doute possible que cette répugnance à s'engager à suivre un système, ou une forme de gouvernement quelconque, et l'apparente facilité à accommoder ses principes aux exigences du jour, soit autant le résultat de la fatigue produite par tant de vaines expériences, que de la conviction; que cette manière d'abandonner ou de changer sa couleur politique d'après les circonstances soit en réalité la meilleure qu'une grande nation puisse adopter pour son bonheur.

Il est hors de doute que le peuple français est aussi las de changemens que ses voisins le sont du spectacle qu'il lui présente. Il a essayé des révolutions de toute grandeur et de toute forme ; maintenant il en est rassasié, et ses forces sont épuisées par les peines qu'il s'est données pour se créer de nouvelles lois, de nouvelles chartes et de nouveaux rois. Il est contraire à la nature de ce peuple de demeurer si long-temps à l'ouvrage. Il n'y en a point sur la terre qui eût montré autant d'énergie, quand il fallut renverser la Bastille avec Lafayette, anéantir un trône avec Robespierre, conquérir l'Europe avec Napoléon, ou réorganiser une monarchie avec Louis-Philippe. Toutes ces choses peuvent se faire avec enthousiasme, et c'est pour cela qu'elles étaient dans la nature des Français.... Mais que la masse du peuple renonce pour une longue suite d'années à sa gaieté, et se soumette, dans le seul but de faire de l'effet, à étudier les théories ardues de gouvernemens inconnus, c'est ce qui est tout-à-fait impossible; car un pareil acte serait en opposition directe avec toutes les inclinations du peuple.

Chassez le naturel, il revient au galop.

C'est pour cette raison que la *loi Bourgeoisie*

fut proclamée; elle signifie indubitablement la loi que les Français s'imposent de rester tels qu'ils sont, de se rendre aussi riches et aussi confortables qu'ils le peuvent, sous le gouvernement d'un roi qui a la volonté et le pouvoir de les protéger.

M. de Carné dit avec raison :

« Le plus puissant argument que puisse em-
« ployer la royauté pour tenir en respect la
« bourgeoisie, est celui dont s'est servi l'as-
« trologue de Louis XI, pour avoir raison des
« capricieuses velléités de son maître : — Je
« mourrai juste trois jours avant votre Ma-
« jesté. »

Quoique cette citation ne soit pas d'un courtisan, on peut sans crainte la proférer en présence de Louis-Philippe; car, quelle que soit l'opinion politique que l'on professe, il est impossible de ne pas voir dans chacun des actes de son gouvernement, la ferme résolution de protéger et de maintenir en honneur et en sûreté l'ordre de choses qu'il a établi, ou de périr; et le résultat de cette politique pleine de franchise est qu'une foule immense de personnes qui, dans le commencement, ne s'étaient soumises à lui que pour éviter l'anarchie, y sont maintenant attachées, non-seulement comme un abri pour le moment actuel, mais encore comme une puissante et sûre défense contre le retour des horribles vicissitudes auxquelles la nation a été pendant si longtemps exposée.

Parmi les nombreux avantages que les principes si larges de la doctrine offraient évidemment à la France dans les circonstances particulières où elle se trouvait placée, à l'époque où ces principes furent d'abord proclamés, fut celui de présenter un lieu de repos à tous ceux qui étaient fatigués de révolutions, à quelque parti qu'ils appartinssent. C'est ce que M. de Carné exprime fort bien quand il dit :

« Ce parti semble appelé, par ce qu'il a de
« vague en lui, à devenir le sympathique lien
« de ces nombreuses intelligences dévoyées, qui
« ont pénétré le vide de l'idée politique. »

Je ne crois pas qu'il soit possible de décrire plus heureusement cette foule qui s'est égarée dans le labyrinthe inextricable d'une science si peu à la portée de la multitude, que par cette phrase : *ces intelligences dévoyées qui ont pénétré le vide de l'idée politique.* Pour elle c'est bien certainement un bonheur que d'avoir imaginé un nom commun, tout vague qu'il est, sous lequel elle puisse se mettre tout entière à l'abri, et, sans courir le moindre risque d'entendre taxer d'inconséquence son patriotisme, se réunir de cœur et d'ame pour soutenir un gouvernement qui a su, avec tant d'habileté, s'assurer l'estime profonde de tous les hommes.

En feuilletant l'histoire de Hume pour y chercher un passage, je tombai par hasard sur le portrait, vigoureusement tracé en peu de mots, du caractère et de la position de notre Henri VII. Il se rapproche en beaucoup de points de ce que l'on pourrait dire de Louis-Philippe.

« Le caractère personnel de ce prince était plein de vigueur, d'industrie et de sévérité ; réfléchi dans tous ses projets, ferme dans toutes ses intentions, il joignit la prudence au bonheur dans toutes ses entreprises. Il parvint au trône après une guerre civile lon-

« gue et sanglante. La nation était fatiguée de ses
« discordes intestines, et disposée à supporter
« l'usurpation, et même à l'injustice, plutôt que
« de se plonger de nouveau dans de semblables
« infortunes. Les vaines tentatives faites pour
« le renverser ne servirent, comme de cou-
« tume, qu'à confirmer son autorité. »

Des passages de ce genre, que j'aime à retrouver dans l'histoire des siècles passés, ont, ce me semble, une tendance tout-à-fait consolante. Nous sommes portés à croire que les scènes qui nous causent des sensations si pénibles quand nous y assistons, contiennent des élémens de maux plus affreux qu'aucune de celles qui aient jamais menacé la tranquillité du genre humain. Toutefois, un peu de mémoire et un peu de confiance dans la Providence, dont la main se montre si visible sur chaque page de l'histoire du monde, devraient suffire pour nous inspirer de meilleures espérances pour l'avenir.

« Les vaines tentatives faites pour renverser » le roi Philippe, ont servi « à confirmer son autorité, » et lui ont rendu le même service que notre royal Tudor en reçut dans le quinzième siècle. Le peuple anglais était alors fatigué de « discordes intestines, » comme le peuple français l'est aujourd'hui, et comme le peuple Anglais ne tardera pas à l'être de nouveau.

Pendant que je félicite sincèrement le pays que je viens de quitter des importantes améliorations qui y ont eu lieu depuis mon départ, je sens la nécessité de m'excuser de certaines assertions qui se trouvent dans ces volumes, et lesquelles, si je les faisais aujourd'hui, pourraient être taxées de fausseté. Mais depuis quelques mois les lettres écrites de France ne pouvaient guère avoir de prix qu'à l'instant même de leur réception. Dès le lendemain les nouvelles qu'elles contenaient étaient déjà vieillies.

C'est vers la fin de juin que nous avons quitté Paris, et avant la fin de juillet la situation morale de la France avait reçu un choc et subi un changement qui, à la vérité, ne rendent pas faux ce que je disais, mais m'oblige, en beaucoup de cas, à changer le temps de mes verbes.

Ainsi, quand je disais qu'une licence effrénée *règne* dans les caricatures, et que les murs de la capitale *sont* couverts de portraits grotesques du souverain, il faudrait lire maintenant : *régnait* et *étaient*. Il en est de même en beaucoup d'autres cas.

Il est, du reste, bien plus agréable de déclarer que ces assertions ne sont plus exactes, que d'être obligé de soutenir qu'elles le sont toujours. L'audacieuse indécence en tout genre qui insultait aux regards et à l'intelligence des Parisiens, avant l'établissement des lois qui viennent de prendre la morale publique sous leur protection, entraînait à grands pas le pays vers l'abrutissement et la barbarie; et il y a une sorte de patriotisme indépendant du royaume dans lequel on est né, et qui se rapporte à la planète tout entière, qui doit se réjouir de voir mettre un frein à une immoralité qui tendait à dégrader jusqu'à la nature humaine.

C'est aussi un motif d'espérance et de consolation, au milieu des maux du même genre qui nous entourent en Angleterre, de voir que, quelque invétérée que soit la souillure qu'une licence sans frein a faite au pays, une magistrature forte et vigoureuse possède encore le pouvoir d'arrêter ses progrès et d'effacer sa tache. Un *Te Deum* pour cette loi de purification devrait se chanter dans toutes les églises de la chrétienté. Il y a assurément quelque chose qui offre un intérêt politique plus qu'ordinaire dans la position actuelle de la France, intérêt que toute l'Europe doit partager, mais qui, cependant, nous touche plus particulièrement. La presse en France a défendu la démocratie la plus complète; le sénat a fait de même. La cour suprême de justice n'a pas été suffisamment respectée pour que, même en sa présence, on s'abstînt d'exprimer des opinions qui, mises en action, auraient enlevé le sceptre aux mains du roi pour le placer dans celles de la populace. Les journaux y ont vomi les outrages, les exécrations contre les actes du gouvernement, et presque contre la personne de ses agens... Et quel a été le résultat de tout cela? Ce gouvernement n'en a pas moins continué à remplir avec constance, calme, fermeté, et sans la plus légère vacillation, les devoirs que le pays lui avait imposés.

Il n'a rien fait avec pétulance, avec faiblesse, avec imprudence. Dès le premier moment où il a reçu le dépôt périlleux du bien-être d'une nation, moment où mille dangers le menaçaient au dedans et au dehors, il a manifesté la sagesse la plus prudente et la plus consommée, non-seulement en ce qu'il a fait, mais encore en ce qu'il n'a pas fait. Semblable à un habile général qui se tient sur la défensive, il est demeuré pendant quelque temps immobile, pour laisser passer la première charge qui devait lui enlever la position qu'il avait prise. Après cela il a bien examiné le terrain, les forces et les ressources dont il pouvait disposer avant de faire un pas pour les améliorer ou les augmenter.

Quand je songe à toutes les sottises que j'ai entendu débiter à Paris avant le procès des prisonniers de Lyon, les prédictions que le roi *n'oserait* pas y persévérer, les assurances que la **populace se soulèverait** pour les délivrer ou que les Pairs refuseraient de les juger; ou bien encore que si rien de tout cela n'arrivait à Paris, une contre-révolution éclaterait dans le midi; quand je songe, dis-je, à tout cela, et que je le compare à la marche ferme et à la puissance journellement croissante de ce gouvernement si singulièrement vigoureux, depuis ce moment jusqu'à celui où j'écris ces lignes, je sens qu'il est difficile de déplorer qu'à une époque si grave de l'histoire du monde le pouvoir soit tombé en des mains si capables d'en user avec sagesse.

Et pourtant avec ce courage et avec cette hardiesse de résolution, il n'y a eu rien qui ressemblât à de l'indifférence pour l'opinion publique dans les actes du gouvernement français. Les ministres se sont toujours montrés prêts à écouter les avis et à rendre raison des mesures qu'ils prenaient, et le roi lui-même n'a jamais cessé de manifester le même caractère qui, dans toutes les vicissitudes de sa remarquable vie, l'a fait si généralement aimer. Il est évident que, quelles qu'aient été les circonstances qui l'ont placé sur le trône de France,

Louis-Philippe ne deviendra jamais l'instrument d'une faction. Il me semble l'entendre répondre aux accusations portées contre lui, ces paroles pleines de dignité que le poète met dans la bouche d'Athalie:

Ce que j'ai fait alors, j'ai cru le devoir faire ;
Je ne prends point pour juge un peuple téméraire.

Y a-t-il une seule personne parmi toutes celles que la nature, la fortune et l'éducation ont placées en quelque sorte dans une opposition inévitable avec lui, qui ne soit forcée d'avouer qu'il a raison ? Il n'y en a aucune, selon moi, si ce n'est les malheureux politiques égarés qui composent le parti des républicains, parti qui ne conserve une apparence de force que parce qu'aucun autre ne veut avoir rien de commun avec lui, et parce que, seuls de tous les soi-disans législateurs, les républicains n'osent pas chercher un abri sous le vaste ombrage de la *doctrine*; car la devise de celle-ci est « ordre public, » tandis que leur mot de ralliement à eux est « confusion et anarchie. »

Je crois qu'il existe encore bien des gens qui,

sans avoir aucun désir de voir de nouveaux changemens dans le gouvernement de la France, regardent toutefois ces changemens comme inévitables; par la raison qu'il ne leur paraît pas possible que ce parti remuant reste long-temps tranquille. J'ai entendu bien des personnes, dévouées au gouvernement de Louis-Philippe, exprimer à ce sujet de fort tristes pressentimens. Elles disent que, quelque avantageux que l'ordre de choses actuel soit pour la France, ce serait en vain que l'on espérerait qu'il pût se soutenir long-temps contre le vœu d'une faction si nombreuse, le gouvernement présent étant surtout fondé sur la doctrine que la protection des arts et de l'industrie, aussi bien que l'augmentation de la richesse et de la prospérité que le rétablissement de la paix a amenée, doivent être ses premiers objets, tandis que les Républicains sont toujours debout toutes les fois qu'il s'agit de changemens et de tumulte, et que par conséquent, quand la lutte s'établira, ils seront bien mieux préparés au combat que la majorité pacifique et contente dont ils sont les ennemis déclarés.

Je crois pourtant que les gens qui raisonnent ainsi sont dans une grande erreur. Ils négligent de prendre en considération un fait évident et palpable et qui est pourtant infiniment plus important que tout autre, savoir : qu'une république est une forme de gouvernement en contradiction directe avec l'esprit du peuple français. On l'a déjà essayée et la tentative n'a point réussi. Mais ce n'est là qu'une seule des nombreuses preuves que l'on pourrait alléguer à ce sujet. Cet amour de la gloire, que tout le monde s'accorde à regarder comme le caractère distinctif de la nation française, l'empêchera toujours de remettre le soin de sa dignité et de ses honneurs dans les mains de la populace. Ce fut dans un moment d'ivresse qu'elle fit sa première et honteuse révolution, et certes on ne prétendra pas qu'il faille juger la nation d'après les actes de sauvage fureur auxquels on se livra alors. Tout ce qui est arrivé depuis tend à établir la conviction que la France ne saurait exister comme république.

Il y a dans la nature des Français un amour de magnificence publique qui est né avec eux comme leurs yeux noirs ; et il leur faut pour point central de cette magnificence un roi et une cour autour desquels ils puissent circuler et auxquels ils puissent rendre hommage à la face de l'Europe, sans craindre de compromettre par là leur honneur ou leur dignité. Un Anglais a dit que le gouvernement actuel est celui de la bourgeoisie et que Louis-Philippe était *un roi bourgeois;* mais le sang des Bourbons qui coule dans ses veines le met à l'abri de cette plaisanterie, et si, par le gouvernement de la bourgeoisie, on entend que le cabinet réunit la richesse de la nation à ses talens et à sa noblesse, il n'y a rien dans cette assertion qui doive choquer la fierté patricienne ou la dignité royale.

Le superbe cortége militaire au sein duquel le peuple français suivait le chevalier errant couronné qui lui fit parcourir en conquérant la moitié de l'Europe, pouvait avoir à ses yeux assez de charmes pour faire oublier pendant quelque temps à une nation si guerrière tous les bienfaits de la paix ainsi que la gloire plus durable que lui auraient assurée l'avancement de la science et une industrie bien dirigée. Mais quand même Napoléon ne serait pas tombé, le délire de cette gloire militaire n'aurait pas pendant long-temps encore pu remplacer la prospérité nationale dans un pays comme la France, et heureusement pour elle ce délire n'a pas duré assez long-temps pour épuiser complètement ses forces et la mettre hors d'état d'en réparer les effets et de s'élancer avec une vigueur renouvelée sur une route plus noble.

Mais aujourd'hui même que le but de son ambition est si complètement changé, quelle est l'époque vers laquelle les souvenirs du peuple se dirigent avec le plus de complaisance. Est-ce vers la Convention? Est-ce vers le Directoire? Est-ce vers la ridicule imitation du consulat romain? Non, malheureusement pour les jeunes républicains à tête classique et chaude. Ils ne doivent pas espérer que le rêve dont ils se bercent puisse jamais durer assez long-temps dans le royaume de Saint-Louis pour que le pouvoir de leurs licteurs et de leurs tribuns s'établisse dans l'esprit public.

Non!... ce n'est pas cette mascarade d'écoliers

que l'imagination des Français aime à se retracer; c'est cette grande époque où le brillant éclat d'un magnifique météore se reflétait dans leurs chaînes de fer et les faisait reluire comme de l'or. Si cela est ainsi ; s'il est impossible de nier que les affections des Français s'attachent avec plus de reconnaissance au magnifique despotisme de Napoléon, qu'à toute autre époque de leur histoire, est-il croyable qu'ils abandonnent la puissance et la gloire véritables dont l'aurore se présente à eux, accompagnées d'un avenir assuré de prospérité individuelle, pour se plonger de nouveau dans ce mélange de sang et de boue dont la république avait souillé ses autels.

Quand il n'y aurait, pour ne pas croire à un si déplorable suicide national, d'autres motifs que le ridicule dont il est si généralement couvert, celui-là seul, dans un pays où la raillerie est toute puissante, suffirait pour rassurer les personnes timides et incertaines. Un interprète français des sentimens de ses compatriotes a dit que « *si le diable sortait de l'enfer pour se battre, il se présenterait un Français pour ac-*

cepter le défi. » Je ne doute pas que cela ne soit très vrai, pourvu que le susdit diable ne se présentât pas au combat avec les armes du ridicule; car en ce cas le Français se sauverait à toutes jambes. Et c'est surtout pour cette raison, que je crois réellement impossible qu'aucun appui soit donné aujourd'hui en France à un parti qui non seulement s'est rendu souverainement détestable par ses atrocités, mais encore souverainement ridicule par ses absurdités.

Il est inutile de récapituler ici des observations qui ont déjà été faites. J'en ai parlé légèrement, et leur effet par la lecture n'a peut-être pas été aussi grave que celui qui a été produit sur mon esprit par les circonstances qui me les ont inspirées; mais il est certain que si l'horrible et atroce complot contre la vie du roi n'avait pas jeté une teinte d'horreur sur les actes du parti des républicains en France, j'aurais été tentée d'achever le récit de tout ce que j'ai vu et entendu d'eux, en disant qu'ils ont mêlé trop de faiblesse et de folie dans leur littérature, dans leur politique, dans leur maintien et dans leur conduite générale, pour pouvoir jamais être considérés comme des ennemis formidables pour le gouvernement.

Je me suis fort amusée l'autre jour en lisant dans un journal anglais ou, pour mieux dire, dans un extrait d'une feuille irlandaise (*The Dublin Journal*), un passage d'un discours adressé par M. Daniel O'Connell à l'Union des Métiers de Dublin; passage dont la logique, en tenant compte de ce que l'éloquence irlandaise a de particulier, me rappela fortement quelques-uns des raisonnemens républicains que j'ai entendu faire naguère à Paris.

« La Chambre des Communes, dit M. Daniel
« O'Connell, sera toujours un corps pur et *in-*
« *dépendant*, PARCE QUE nous sommes sous la
« férule de nos maîtres et que nous en serons
« chassés à coups de pied si nous ne remplis-
« sons pas les devoirs qui nous sont imposés
« par le peuple. »

Quoique les volumes que je viens d'écrire soient sans prétention et ne me paraissent pas devoir prêter à une critique sérieuse, je n'ignore pas qu'ils m'exposent au reproche d'avoir laissé souffler sur moi « le vent de la doctrine. »

Je ne prétends pas nier le changement qui s'est opéré en moi ; mais pour me défendre de cette apparente inconstance, car au fond elle n'est qu'apparente, je dirai que je reviens en Angleterre aussi convaincue que je l'étais en partant, qu'il faut en tout pays un gouvernement qui possède assez de pouvoir et de courage pour résister en tout temps à la voix d'une populace capricieuse et pour diriger avec fermeté tous ses soins vers le bien-être général.

Il paraît tout aussi sage de prétendre que dans un vaisseau de ligne tout l'équipage doive avoir le droit de donner des conseils au capitaine sur la direction du bâtiment, que de vouloir consulter les classes inférieures sur les questions de gouvernement.

Une populace qui se gouverne elle-même est une chimère et une cruelle chimère : c'est ce que les Français ont déjà reconnu. Les Améicains commencent, à ce qu'il paraît, à entrevoir aussi cette importante vérité ; et quant à notre Angleterre, en dépit de toutes les sottises qu'il lui a plu de débiter et d'écouter sur ce sujet, il n'est pas probable, si la lutte vient à éclater, qu'elle se laisse déchirer par sa propre populace.

Mais quoique ce mât de fortune, qu'on appelle *la Doctrine*, fasse assez bien son office en France, où l'ouragan avait failli faire périr le beau vaisseau de l'État, il serait bien malheureux pour l'Angleterre si elle était obligée d'avoir recours au même expédient pour sa sûreté; car elle ne pourrait en sentir le besoin que si elle éprouvait en même temps la nécessité de se soumettre à une discipline plus sévère qu'elle aurait bien de la peine à supporter. Ses mâts crient à la vérité en ce moment d'une façon assez inquiétante, mais il faudra des coups de vent bien plus forts qu'aucun de ceux qu'elle a soutenus jusqu'à présent, avant qu'elle se décide à jeter à la mer sa constitution, ce noble mât qui s'élève au dessus de tous les autres, et qui les regarde avec un sentiment de supériorité auquel elle ne renoncerait pas sans regret.

Mais quelle que soit la position actuelle de l'Angleterre, il doit être avantageux pour elle, ainsi que pour tous les autres pays de l'Europe, que la France ait pris l'attitude dans laquelle

elle s'est posée. La cause de l'ordre social est la cause commune de tout le monde civilisé, et tout ce qui tend à l'assurer est un bienfait général. Quoique cette vérité soit évidente, son importance n'est pas encore suffisamment sentie; mais le temps ne peut manquer de venir où elle le sera, et alors toutes les nations de la terre proclameront d'une voix unanime que

Le pire des états c'est l'état populaire.

FIN.

TABLE

DES

MATIÈRES CONTENUES DANS LE TOME TROISIÈME.

LETTRE LVI.

Pages.

L'abbé Duguerry. — La Prédication impromptu. — Simplicité du culte à Paris, en comparaison de la Belgique. — Bibliothèque de Sainte-Geneviève. — Les copies d'écriture du grand Dauphin. — La prétendue fille de Marie Stuart. — Saint-Étienne-du-Mont. 1

LETTRE LVII.

Les Soupers de Paris. — Les Dîners ne les remplacent pas. — Les Gourmands. — Les grandes réunions. 14

LETTRE LVIII.

L'Hospice des Enfans-Trouvés. — Anecdote à ce sujet. 28

LETTRE LIX.

Encore le Procès-Monstre. — La Société des Droits de 21

l'Homme. — Vigueur déployée par le gouvernement.— Cette vigueur ne peut être imitée pour les gouvernemens légitimes. 61

LETTRE LX.

Les Mémoires de M. de Châteaubriand. 75

LETTRE LXI.

Le Jardin des Plantes. — La Salpétrière. — Les Invalides. — Le Dôme. 87

LETTRE LXII.

Le Diner sur l'herbe à Montmorency. — Les vicissitudes du voyage.— Saint-Denis et les Caveaux. — L'accident. 100

LETTRE LXIII.

George Sand. 124

LETTRE LXIV.

Angelo, tyran de Padoue. — La parodie de cette pièce au Vaudeville. — Mademoiselle Mars. — Madame Dorval. — Épigramme. 139

LETTRE LXV.

La chaleur du temps.— Le Boulevard Tortoni.— L'Orage. — La Madeleine. — Mistress Butler et son ouvrage sur l'Amérique. 168

LETTRE LXVI.

Réunion agréable. — Discussion entre un Anglais et un Français. — Singularités nationales. 181

LETTRE LXVII.

Séance de la chambre des députés.— Beau discours du général Bugeaud contre la licence de la presse.—Réflexions sur la presse.—Affaire du *Réformateur*.—L'Institution pour l'encouragement de l'industrie.—Récompenses aux gens de lettres. 196

LETTRE LXVIII.

Le *Mouvement*.— Les Tombeaux des héros de juillet. — Harangue d'un héros survivant.— La rue de la Féronnerie. — L'histoire des rues de Paris serait intéressante. — Celle des couvens aussi. — Les Français des divers siècles ne se ressemblent pas. 209

LETTRE LXIX.

Réflexions politiques sur Napoléon et la restauration.. L'esquisse du tableau de la Peste de Jaffa. — Collection du baron de Silvestre. — L'Hôtel des Monnaies. — Les Médailles. — Le Musée d'Artillerie. 224

LETTRE LXX.

Le Concert des Champs-Élysées. — Exposition de la Société d'horticulture. — Les chapeaux. 239

LETTRE LXXI.

Les nouveaux Romanciers et leurs Ouvrages. — Ils sont plus estimés en Angleterre qu'en France. — *La Peau de Chagrin.* 254

LETTRE LXXII.

Préparatifs de départ. — Dernière soirée à l'Abbaye-aux-Bois. — M. Lafon. — Épitre de Casimir Delavigne aux habitans de Rouen. — L'Orage. 268

Postscriptum. 278

FIN DE LA TABLE.

www.ingramcontent.com/pod-product-compliance
Lightning Source LLC
Chambersburg PA
CBHW072021150426
43194CB00008B/1201